RAMEN KOCHBUCH

Basics & Rezepte

RAMEN KOCHBUCH

Basics & Rezepte

Nell Benton

DK

Für die britische Ausgabe:
Lektorat Kathryn Meeker, Stephanie Farrow
Bildredaktion Glenda Fisher
Herstellung Rebecca Fallowfield, Tony Phipps, Stephanie McConnell

Für die amerikanische Ausgabe:
Lektorat Mike Sanders, Billy Fields, Nathalie Mornu
Umschlaggestaltung und Layout XAB Design
Fotos Michael Berman
Foodstyling Laura Kinsey-Dolph

Für die deutsche Ausgabe:
Projektbetreuung Tanja Schröpfer, Sarah Fischer
Herstellungskoordination Katharina Schäfer
Herstellung Verena Marquart

Titel der englischen Originalausgabe:
Ramen Noodle Cookbook

Übersetzung Annerose Sieck
Lektorat Nathalie Röseler

ISBN 978-3-8310-3239-6
5902-285182-20759-10

Druck und Bindung Livonia Print, Lettland

MIX
Papier | Fördert gute Waldnutzung
FSC® C018179

www.dk-verlag.de

INHALT

EINFÜHRUNG

Woher kommt eigentlich diese Leidenschaft für Ramen? Nachdem begeisterte Anhänger das Suppengericht alten Traditionen folgend neu erfunden haben, kann man das japanische Soul Food heute überall auf der Welt genießen. Wer Geschichte und Technik der Suppen erst einmal kennt, wird sie mit wahrer Begeisterung zubereiten.

RAMEN – EINE CHRONOLOGIE

Vergessen Sie die salzigen Instant-Nudelsuppen, die Sie als Student verschlungen haben. Traditionelle Ramen-Suppen werden aus frischen Nudeln, Brühen und verschiedenen Toppings zubereitet. Das ergibt eine einfache, köstliche und schöne Schale Ramen – mit Liebe gemacht.

1900

Ursprünglich stammen Ramen-Suppen aus China. Sie sind eine Abwandlung des Gerichts *lamian*. Es gilt als sicher, dass chinesische Einwanderer in Japan vor dem Zweiten Weltkrieg Ramen-Shops eröffneten, das genaue Datum jedoch ist unbekannt.

1945

Nach dem Krieg kehren viele japanische Soldaten zurück aus China. Im Gepäck haben sie lamian. Schon bald eröffnen **Restaurants, die Ramen auf der Speisekarte führen**. Die Popularität des Gerichts steigt schnell an.

1958

1958 erfindet Momufuku Ando Instant-Ramen, das **in kleinen Blöcken, die in buntes Plastik eingewickelt sind**, verkauft wird. Dafür werden gegarte Nudeln kurz bei hoher Temperatur gebraten und müssen später nur mit Wasser rehydriert werden.

1971

1971 geht Momofuku Ando einen Schritt weiter und erfindet seinen **hitzeresistenten Instantnudel-Becher** aus Styropor. Nun können die Nudeln erhitzt werden, ohne dass man sie dafür aus der Packung nehmen muss.

1985

Die japanische Filmkomödie ***Tampopo*** erzählt die Geschichte zweier Trucker, die der Inhaberin eines Ramen-Shops helfen, ihre Speisen zu verbessern. Gezeigt wird, wie man Ramen richtig isst und mit Liebe eine gute Brühe zubereitet.

1994
In Yokahama, Japan, eröffnet das **Shin-Yokohama Ramen Museum**, das der Ramen-Suppe gewidmet ist. Das Museum ist ein Food-Vergnügungspark, in dem berühmte Ramen-Restaurants aus ganz Japan Filialen betreiben.

1999
In Osaka wird das **Museum Momofuku Ando Instant Ramen** eröffnet. Es zeigt eine Replik des Gartenschuppens, in dem Ando seine Instantnudeln erfand, sowie interaktive Ausstellungen, bei denen Besucher selbst Nudeln anfertigen können.

2004
Chefkoch David Chang eröffnet sein erstes Nudelrestaurant, die **Momofuku Noodle Bar in New York**. Sein Ideenreichtum bei den Zutaten löst wohl das Ramen-Fieber außerhalb Japans aus.

2008
Der amerikanische Film ***Ramen Girl*** handelt von einem amerikanischen, in Japan lebenden Mädchen. Dort lernt es, wie man Ramen zubereitet, und erfährt, wie heilsam eine gute Schale mit Nudeln sein kann.

2011
In Yokohama, Japan, eröffnet das **CupNoodles Museum** mit mehr als 3000 Ramen-Produktverpackungen und einer »Fabrik«, in der Besucher Schaumbecher verschönern und mit Zutaten und Toppings ausstatten können.

2015 –
Ramen-Köche in Japan denken sich weiter neue und aufregende Abwandlungen aus. Sie nutzen Zutaten, die der globale Markt ihnen bietet (***Fusion Food*** genannt).

RAMEN UND DER UMAMI-GESCHMACK

Der Begriff *umami* stammt aus dem Japanischen und bedeutet so viel wie »angenehm wohlschmeckend«. Umami gilt als der fünfte Geschmack und wird als vollmundig, fleischig, pikant beschrieben. Bei der geschmacklichen Abrundung von Speisen spielt er eine wichtige Rolle.

DIE GESCHICHTE VON UMAMI

Die primären Geschmacksrichtungen – süß, salzig, sauer und bitter – bilden die Basis unserer Geschmacksempfindung. Süß und salzig lassen sich durch Zucker und Salz beschreiben. Sauer sind z. B. Zitronen oder Limetten, zu den bitteren Aromen gehören Kaffee und Bier. Umami bedeutet Wahrnehmung und Geschmack zugleich. Es schmeckt vollmundig und fleischig und vermittelt das Gefühl, als sei die Zunge überzogen. Der Chemiker Kikunae Ikeda hat Umami 1908 zum ersten Mal in Kombu-Dashi beschrieben, der Meisterkoch Auguste Escoffier später in Kalbsbrühe.

Die asiatische Küche steht insbesondere für ein Gleichgewicht der vier Geschmacksqualitäten. Ein ausgewogenes Gericht überzeugt nicht nur durch seine Ästhetik, sondern auch durch eine harmonische Geschmacksverbindung.

Geschmacksrichtungen
Umami wird als die perfekte Kombination der vier Geschmacksrichtungen beschrieben.

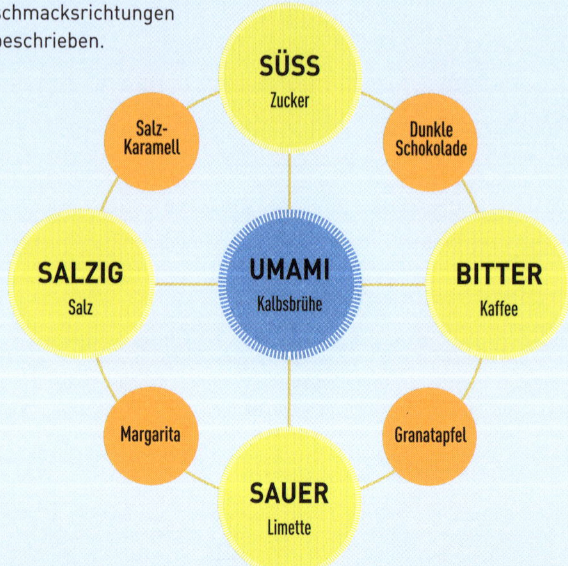

Nordamerika: Bacon
Bacon verleiht Gerichten einen rauchigen, salzigen, ja sogar einen leicht süßlichen Geschmack.

Südamerika: Tomaten
Ob roh oder gekocht, Tomaten sorgen für ein reiches, süßes und zugleich säuerliches Aroma.

SO FÄNGT RAMEN DEN UMAMI-GESCHMACK EIN

Der Begriff »umami« hat seinen Ursprung vermutlich in Japan, doch umamireiche Nahrungsmittel wurden weltweit schon Jahrhunderte zuvor gegessen. Ramen kombiniert diese Lebensmittel – japanische, westliche oder ein Mix aus beiden – zu einem besonderen Gericht.

In Japan gehören zu den umamireichen Lebensmitteln Kombu-Bonitoflocken, fermentierter Fisch, fermentierte Bohnenpaste, Sojasauce, grüner Tee und Shiitakepilze. Kombu-Dashi-Brühe ist ein Beispiel dafür, wie man umamireiche Lebensmittel harmonisch zusammenbringt.

In der westlichen Küche werden umamireiche Zutaten wie Schinken, Spargel und alter gereifter Käse verwendet. Sie haben einen ähnlich vollmundigen Geschmack. Ein anderes, eher merkwürdiges, Beispiel für Umami sind Tomaten, die überall auf der Welt die Basis für viele Saucen und Gewürze bilden. Das Rezept Tomaten-Miso-Ramen ist ein typisches Gericht mit westlichen umamireichen Zutaten.

Europa: Parmesankäse
Beliebt auf Pasta und Pizza, liefert dieser Käse eine fruchtige und nussige Note.

Asien: Sojasauce
Mit dieser salzigen, erdigen Flüssigkeit werden Speisen vor oder nach dem Kochen gewürzt.

Australien: Hefeextrakt
Wird oft als Geschmacksverstärker in Lebensmitteln wie Kräckern, Saucen und Brühen eingesetzt.

Afrika: Johannisbrot
Wird in Suppen und süßen Gerichten verwendet. Schmeckt süß und hat einen beißenden Geruch.

Umami weltweit
Umami gibt es nicht nur in der asiatischen Küche. Viele Lebensmittel haben das Umami-Aroma.

WAS IST RAMEN-FUSIONKÜCHE?

In den letzten Jahren haben sich japanische und westliche Köche den Traditionen widersetzt und pfiffige, mutige Interpretationen kreiert. Diese modernen Interpretationen klassischer Rezepte führten zu einer Fusion, einer Verschmelzung radikaler und althergebrachter Ansätze.

TRADITIONELL

Von 1641 bis 1943 gab es in Japan die Politik des Isolationismus, die Kontakte zu Fremden unterband. Es gab lediglich Beziehungen zu den Niederlanden, China, Korea und den Ryūkyū-Inseln. In der Folge war die japanische Küche bis zum Zweiten Weltkrieg kaum fremden Einflüssen ausgesetzt. Nach dem Krieg brachten japanische Soldaten ihre chinesischen Lieblingsgerichte mit und integrierten diese in ihre eigene Küche.

Aromen

Traditionell stützt sich die japanische Küche auf Fisch, Reis, Misopaste, Nudeln und saisonales Gemüse.

Zutaten

Zu den Beilagen einer typischen Ramen-Suppe gehören Noriblätter, weich gekochte Eier, Menma (würzige Bambusstreifen), Frühlingszwiebeln und Schweinefleisch.

Servieren

Ramen-Suppen werden traditionell in großen tiefen Schüsseln bzw. Schalen serviert. Nudeln, Brühe, Toppings und Garnituren werden darin geschichtet, brühend heiß serviert und gierig geschlürft.

FUSiON

Meisterköche haben Ramen-Suppen in ungeahnte Höhen katapultiert. Sie spielen mit ganz unterschiedlichen Seiten dieses Gerichts, integrieren eigene Lieblingszutaten und kulinarische Techniken.

Verschmelzung der Küchen

Unterschiedliche Komponenten werden verbunden, etwa Taco-Rindfleischfüllung aus Mexiko, Currypasten aus Thailand und Harissa aus Nordafrika. Durch die Verwendung von Zutaten aus der ganzen Welt kann man mit den eigenen Favoriten experimentieren und dabei die Harmonie von Aromen und Texturen aufrechterhalten.

Neuheiten

Traditionell japanische Aromen können durch bestimmte Zutaten, die erst jüngst ins Land kamen, hervorgehoben werden. Dazu gehören Tomaten, Rosenkohl und Kokosmilch.

Neue Techniken

Moderne Köche haben Techniken aus der französischen Küche eingeführt, u. a. das Flambieren, Sous-vide und Schäume. Küchenchefs, die sich in der französischen Kochtradition auskennen, verändern durch ihr Wissen auch die Brühe der Ramen-Suppen. Um ihnen spaßeshalber einen modernen Anstrich zu geben, werden sogar Ramen-Nudeln aus der Packung in Gnocchi verwandelt.

Modern anrichten

Ramen-Suppen wurden so konzipiert, dass man sie in Schalen serviert. So ist Tsukemen – auch als Dip-Ramen bekannt – eine Neuinterpretation wichtiger Bestandteile: Brühe, Nudeln und Toppings werden getrennt serviert.

RAMEN-SUPPEN STILGERECHT ESSEN

Wird eine Ramen-Suppe serviert, wird von Ihnen erwartet, dass Sie sie schnell essen, laut dabei schlürfen und Nudeln und Toppings ganz aufessen. In Japan können Sie eine Portion nachbestellen, wenn Sie Ihre Nudeln schon verzehrt haben, bevor sie den Rest aufgegessen haben.

ESSUTENSILIEN RICHTIG HALTEN

Für eine Ramen-Suppe benötigen Sie nur zwei Dinge: Stäbchen und einen tiefen Löffel.

- Mit den Stäbchen in der rechten Hand ergreifen Sie die festen Bestandteile in der Schale, etwa die Nudeln.
- Aus dem tiefen Löffel in der linken Hand trinken Sie die Brühe.

Essen der Nudeln und Trinken der Brühe wechseln sich ab.

Auf den Punkt genau servieren

Wenn Sie in Japan eine Schale Ramen bestellen, wird diese brühend heiß serviert. Man erwartet, dass Sie die Suppe so schnell wie möglich essen, damit die Nudeln nicht weich werden. Damit Sie zu Hause die Suppe auch so heiß wie möglich auf den Tisch bringen können, sollten alle Zutaten auf den Punkt genau vorbereitet sein.

Nudeln schlürfen

Beim schnellen Essen der Suppe ist es wichtig, die Nudeln zu schlürfen. Auf diese Weise kühlen sie ab und Sie verbrennen sich nicht den Mund.

SO ESSEN SIE MIT STÄBCHEN

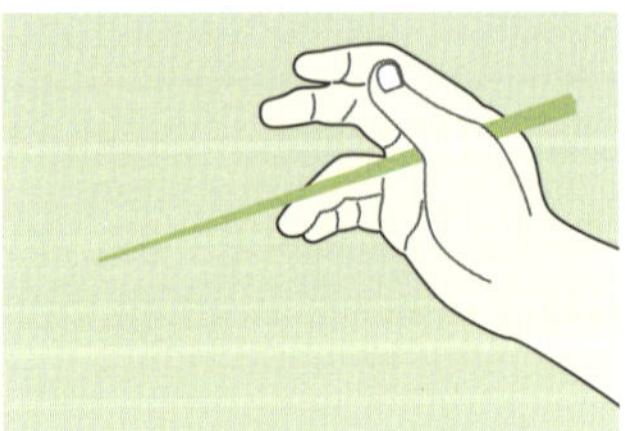

Ein Stäbchen zwischen der Beuge des Daumens und dem oberen Gelenk des Ringfingers halten.

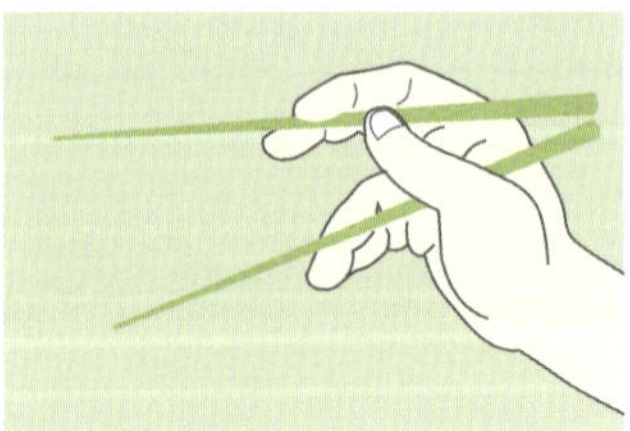

Das zweite Stäbchen darüberlegen und mit Daumen und Zeigefinger halten.

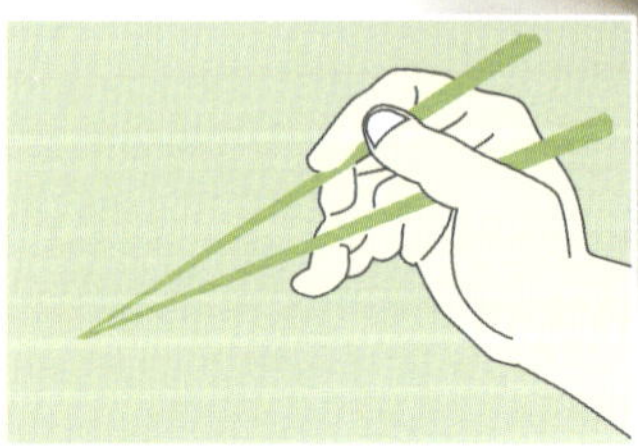

Üben Sie das Auf und Ab des oberen Stäbchens, das untere liegt dabei ruhig in der Hand.

DEN DINGEN AUF DEN GRUND GEHEN

Ramen ist per definitionem eine Mahlzeit, die aus Nudeln, Brühe und Toppings besteht. Diese Komponenten und deren harmonisches Zusammenspiel zu verstehen, ist der erste Schritt hin zu einer perfekten Schale Ramen-Suppe.

DiE PERFEKTE NUDEL

Eine Standardnudel für Ramen gibt es nicht. Man kann unterschiedliche Formen und Größen verwenden, die meisten jedoch bestehen aus glutenreichem Mehl, Salz, Kansui-Wasser und manchmal auch aus Eiern. Meist sind sie blassgelb, fest und elastisch. Verschiedene Nudeln werden für unterschiedliche Brühen verwendet, welche, hängt vom Stil der Ramen-Suppe ab.

FRiSCH, TK, GETROCKNET ODER iNSTANT?

Kaum einer in Japan macht seine Ramen-Nudeln selbst, weil überall qualitativ hochwertige Sorten erhältlich sind. Auch wenn es in einigen Geschäften tiefgefrorene Nudeln gibt, empfiehlt es sich doch, frische zu kaufen. In vielen japanischen und asiatischen Geschäften findet man frische Nudeln im Kühlregal, auch in einigen großen Supermärkten sind sie erhältlich.

Bei Instant-Ramen-Nudeln werden teilweise gegarte Nudeln gebraten, um ihnen das Wasser zu entziehen. Besser sind Instant-Nudeln, die teilweise gegart und luftgetrocknet wurden. Hier wird aufs Braten und die Fettzugabe verzichtet.

SCHMAL, BREiT, GERADE ODER GEWELLT?

Dünnere, gerade Ramen-Nudeln werden bisweilen in einer Tonkotsu-Brühe serviert und gebogene Nudeln in einer Brühe, die auf Miso basiert. Breite Nudeln werden meist mit einer schmackhaften Brühe kombiniert, um das natürliche Aroma der Nudeln auszugleichen. Die Produktion von welligen Ramen-Nudeln geschieht mit einem besonderen Equipment.

Frische Nudeln
Sie bestehen aus Hartweizenmehl, Kansui-Wasser, Salz und manchmal Ei. Nudeln selbst zu machen, lohnt sich auf jeden Fall!

Getrocknete Nudeln
Es gibt sie in vielen Formen und Größen, sie sind vielfältig und schmecken köstlich. Auch bei Instant-Ramen-Nudeln handelt es sich um getrocknete Nudeln.

Instantnudeln sind nicht teuer und leicht zuzubereiten.

Somen-Nudeln
Sehr dünne, weiße Nudeln, meist kalt serviert. Sie liegen nicht schwer im Magen, sind erfrischend – ideal für einen Sommertag. Meist in leichten Gerichten mit würzigen Dips serviert.

Soba-Nudeln
Entweder aus einem Mix aus Weizen- und Buchweizenmehl oder nur aus Buchweizenmehl hergestellt. Sie schmecken leicht nach Nuss. Köstlich in kalten Salaten, Wok-Gerichten, heißen Suppen oder kalt mit einem Dip.

Udon-Nudeln
Dicke, weiße Weizennudeln, weich und elastisch in der Textur. Ideal für stärker gewürzte Gerichte, Suppen und kalt mit einem Dip.

WAS STECKT IN EINER NUDEL?

Zwei Zutaten (oder drei bei Eiernudeln) spielen bei Ramen-Nudeln eine bedeutende Rolle. Glutenreiches Mehl liefert Struktur, Kansui-Wasser verleiht Textur, und Eigelb macht die Nudeln elastisch.

Mehl

Zum Andicken von Saucen, zur Herstellung von Nudeln, für Teige, Brötchen und Tempura werden in Asien unterschiedliche Mehlsorten und Speisestärken verwendet. In Japan bezeichnet man glutenreiche Mehle als solche mit »viel Kraft«, Mehle mit niedrigem Glutengehalt als »kraftlose, schwache Mehle«. Für die kräftige Ramen-Nudel nimmt man glutenreiches Mehl.

Kansui-Wasser

Auch als Laugenwasser bekannt, das traditionell aus Brunnenwasser stammt. Es ist in Flaschen erhältlich. Kansui-Wasser verleiht Ramen-Nudeln eine einzigartige Textur und Elastizität, dazu Geschmack und Farbe, Eigenschaften, die Ramen-Nudeln von anderen unterscheiden.

Kansui-Wasser enthält Natrium, Kaliumkarbonat und Phosphate. Außerhalb von Japan ist es nicht unbedingt zu bekommen. Verwenden Sie stattdessen bei der Zubereitung der Nudeln Backnatron, das Ergebnis ist vergleichbar. Beim Rezept für frische Ramen-Nudeln in diesem Buch wird statt des Kansui-Wassers Backnatron verwendet.

Eier

Bei einigen Ramen-Nudel-Rezepten sind Eier erforderlich, bei anderen nicht. Manchmal wird auch nur Eigelb zugegeben, der Teig bekommt dadurch eine schöne, elastische Konsistenz.

BRÜHEN – EINE BESTANDSAUFNAHME

Die Grundlage einer Schale Ramen ist Brühe. Eine Brühe, die mit viel Liebe in etwas verwandelt wird, das alle anderen Ramen-Zutaten »umarmt«. Während Brühe für gewöhnlich aus Knochen gekocht wird, sprechen wir hier, weil es auch vegetarische Brühen gibt, lieber von einer Art Vorbrühe, die nicht gewürzt ist. Sie ist ein unbeschriebenes Blatt, bereit, durch die Zugabe geeigneter Würzen in eine köstliche Brühe verwandelt zu werden.

ZUTATEN

Viele Knochenbrühen bekommen ihren »Körper« erst durch Proteine. Um ihnen zusätzliches Aroma zu geben, benötigen sie die Zugabe von Kombu (Seetang) und Aromastoffen.

Proteine in Ramen-Brühen stammen aus Hühner- und Schweineknochen. Werden sie längere Zeit gekocht oder geköchelt, wird das Kollagen in den Knochen freigesetzt, was der Brühe ihre Viskosität verleiht. Protein in Form von Fleisch verleiht den Geschmack. Kombu-Dashi etwa enthält Bonitoflocken (getrocknete Flocken vom Thunfisch), sie geben der Brühe ihr duftendes Aroma. Brühen, die aus Fleisch zubereitet werden, enthalten auch Fett. Das wiederum verstärkt sowohl Geschmack als auch Textur.

Dashi-Brühe
Auch als Kombu-Dashi bezeichnet. Die leichte, duftende Brühe ist schnell und leicht zuzubereiten. Dashi-Brühe bildet die Grundlage für viele Ramen-Gerichte.

Hühnerbrühe
Eine schmackhafte und bekömmliche Grundlage für eine Vielzahl von Ramen-Suppen. Sie liefert viele Nährstoffe, ist vielseitig einsetzbar und eignet sich für Suppen, Saucen und Eintöpfe gleichermaßen.

Kombu ist ein häufig verwendetes Meeresgemüse. Kombu-Dashi-Brühe, die wohl einfachste Brühe, enthält nur Kombu und Bonitoflocken. Kombu-Dashi wird nur kurz geköchelt, damit die zarten Bonitoflocken nicht zu sehr zerfallen. Kombu soll umamireich sein, hat ein liebliches, teeartiges Aroma sowie eine ebensolche Konsistenz.

Aromastoffe, die für Ramen verwendet werden, sind u. a. Möhren, Knoblauch, Zwiebeln, Ingwer, Schalotten, Frühlingszwiebeln, Lauch und Äpfel. Abwandlungen dieser Zutaten finden sich in Schweine- und Hühnerbrühen sowie in vegetarischen Varianten. Der Geschmack der Zutaten verleiht Ramen-Suppen unterschiedliche Eigenschaften: Möhren geben Süße, grüne Äpfel steuern eine süßsaure Note bei und Ingwer Schärfe. Aromastoffe müssen ausreichend lange in Flüssigkeit geköchelt oder gekocht werden, damit sie in die Flüssigkeit übergehen. Röstet man Aromastoffe wie z. B. Zwiebeln, bekommen die Ramen-Suppen ein schönes rauchiges Aroma.

STECKBRIEF

Ramen-Brühen werden unterschiedlich klassifiziert, z. B. danach, wie schwer bzw. leicht sie sind.

Kotteri

Eine Kotteri-Brühe ist schwer und dick. Ein typisches Beispiel dafür ist Tonkotsu.

Assari

Diese Brühen sind dünn, leicht und klar. Ein typisches Beispiel für Assari-Brühe ist Kombu-Dashi.

Doppelte Brühe

Hier werden zwei verschiedene Brühen kombiniert, etwa aus Huhn und Schwein. Das Aroma wird komplexer und die Brühe umamireicher.

Schweinebrühe
Durch das lange Kochen von Knochen wird diese Brühe milchig-hell. Die Zubereitung einer Schweinebrühe erfordert viel Zeit und Geduld.

Gemüsebrühe
Sie ist leicht herzustellen und eine gute Alternative zu Fleischbrühe, dabei schmackhaft, leicht und erfrischend und aus verschiedensten Zutaten zuzubereiten.

ES DREHT SICH ALLES UM DIE BRÜHE

Die Ramen-Brühe ist das wohl wichtigste Element des Gerichts. Der Prozess, eine Vorbrühe in etwas Einzigartiges zu verwandeln, erfordert die Zugabe passender Würzen und Aromen. Hierbei erhält die Brühe – je nach Ramen-Rezept – Geschmack und Textur sowie den Umami-Faktor.

RAMEN-BRÜHE ZUSAMMENSTELLEN

Tare
Eine würzige Flüssigkeit, in der Zutaten wie Miso, Soja, Salz und Meeresalgen gemischt und dann zu einer Art Konzentrat gekocht werden. Sie wird auf den Boden der Ramen-Schale gegeben. Darauf kommt die Brühe und wird mit Tare verrührt. So können bezüglich Tare Geschmackspräferenzen berücksichtigt werden.

Auch möglich und für zu Hause einfacher ist es, die Brühe zu würzen, bevor sie in die Schalen kommt. So wird es auch in diesem Buch gehandhabt. Ohne Tare lässt sich die Brühe exakt abschmecken, und Sie können die Nudeln zuerst in die Schale legen.

Shio Tare
Hier handelt es sich um die älteste und traditionellste Grundlage zum Würzen von Ramen. Shio heißt übersetzt »Salz«. Das kann sich auf verschiedene Salze erstrecken, etwa auch auf Salz, das aus der Reduktion von Dashi oder Seetang stammt.

Miso
Bei Miso handelt es sich um eine fermentierte Bohnenpaste. Sie zählt zu den drei Hauptkategorien (die anderen beiden sind Salz und Sojasauce) zum Würzen von Ramen. Die pikante und kräftige Paste bildet eine gute Basis für Kotteri-Brühen.

Shoyu
Die Würze, die auf Sojasauce basiert, kann aus vielen unterschiedlichen reinen oder konzentrierten, eingekochten Sojasaucen hergestellt werden. Shoyu Tare wird meist zum Würzen von Assari-Brühen verwendet.

SALZ

Salz verwandelt eine Basisbrühe in eine schmackhafte Brühe. In irgendeiner Form kommt es immer zum Einsatz, ob in einer japanischen oder französischen Brühe. Alle traditionellen Würzen von Miso bis Sojasauce enthalten ein gewisses Maß an Salz.

GEMÜSE

Es gibt kaum ein Gemüse, das sich nicht für Ramen-Brühen eignet. Pilze liefern ein erdiges Aroma und reichlich Textur, Mais verleiht ihnen einen lieblich-süßen Biss. Pak Choi, Spinat und anderes Blattgemüse sind nicht nur sehr gesund, sondern auch hübsch anzusehen.

PROTEINE

Hinzugefügte Proteine können das Haupthighlight des Gerichts sein. Von Bacon bis Tofu – Proteine verändern und verstärken den Geschmack. Überdies liefern sie miteinander kontrastierende Texturen.

FRÜCHTE

In den Rezepten dieses Buches werden immer wieder Früchte verwendet. Obst verleiht eine zusätzliche Geschmacksebene und Säure, was andere Aromen hervorheben kann. Tomaten etwa können salzige Misopaste betonen.

GESCHMACKSGLEICHGEWICHT

Die folgenden Zutaten können Brühen unter Berücksichtigung der vier »S« – süß, salzig, sauer und scharf – hinzugefügt werden. Einige Zutaten allerdings können mehrere Geschmacksqualitäten umfassen. Ananassaft etwa steuert Süße und Säure zugleich bei.

SÜSS

Zucker, brauner Zucker, Sake, Mirin (jap. Reiswein), Tamarindenkonzentrat, Äpfel, Tomaten, Ananassaft

SCHARF

Currypulver, Harissa, grüne oder rote Thai-Currypaste, Chilischoten, Schwarze-Bohnen-Chilipaste

SALZIG

Miso (alle Sorten), dunkle und helle Sojasauce, Fischsauce, Seetang

SAUER

Limettensaft, Essig, Kimchi, Tomaten, Ananassaft

AROMASTOFFE

Zusätzliche Aromastoffe wie Knoblauch, Ingwer, Schalotten oder Möhren können eine Brühe aufwerten und das Geschmacksprofil des Gerichts verbessern.

FETTE

Fette verleihen Ramen zusätzlichen Geschmack sowie mehr Körper und Tiefe. Sesamöl ist ein gutes Beispiel, es fügt Geschmacksnoten und Körper hinzu. Tahin (Sesammus), Kokosmilch, Erdnussbutter und Sojamilch lassen sich ebenfalls gut verwenden. Sie vervollständigen das Erlebnis, eine richtig gute Schale Ramen zu essen.

TOPPINGS

Der Erfolg der Ramen wächst mit der Präsentation. Toppings werden ordentlich in unzähligen Farben angeordnet. Dazu gehören gelber Mais, dunkelgrüne Noriblätter und rosa-weißer Narutomaki. Toppings können zum Gleichgewicht des Gerichts beitragen, indem sie Textur und alle vier »S«-Geschmacksnoten hinzufügen.

PROTEINE

Proteine bilden einen wichtigen Schwerpunkt. Sie liefern Tiefe und »Fleischigkeit«, die in scharfem Kontrast zur Basis aus Nudeln und Brühe stehen.

Bacon Eine herrliche Ergänzung, denn sein hoher Umami-Anteil vervollständigt den Geschmack einer Brühe.

Chashu Ein beliebtes Ramen-Topping, das aus Schweinebauch oder Schweinerücken zubereitet werden kann. Zu den Grundzutaten von Chashu gehören Sojasauce, Zucker, Sake und Mirin, es sind aber auch andere Zutaten möglich.

Chinesische Wurst Ein weiter Begriff für Wurst aus China. Sie kann frisch oder getrocknet, mager oder fett sein. Am beliebtesten ist eine dünne, süße, getrocknete Version. Man findet sie in speziellen Geschäften oder kann sie vereinzelt über das Internet bestellen.

Eier Vielleicht eines der beliebtesten Ramen-Toppings sind weich gekochte Eier, mariniert oder nicht mariniert. Das weiche Eigelb gibt der Brühe zusätzliche Tiefe, das marinierte äußere Eiweiß verleiht ihr ein säuerliches Sojasaucen-Aroma, und die Farben Weiß und Gelb sind auch rein optisch sehr ansprechend.

Ente Sie liefert reichlich Geschmack und kann eine leichte Brühe aufwerten.

Fisch Wird oft mit japanischer Küche assoziiert. Salzige Ramen passen hervorragend zu Meeresaromen. Meist werden Lachs oder Thunfisch serviert.

Huhn Es ist bekannt für seine Vielseitigkeit und kann auf vielerlei Weise zubereitet werden. Gibt Ramen geschmackliche Tiefe.

Käse Zu vielen Ramen-Schalen passen ganz unterschiedliche Käsesorten. Umamireicher Parmesan beispielsweise bietet ein reichhaltiges, pikantes Aroma, das zu vielen verschiedenen Ramen passt.

Meeresfrüchte Für Ramen lassen sich viele Meerestiere verwenden, u. a. Garnelen und Muscheln.

Narutomaki Auch als Naruto bekannt. Das rote oder rosa Spiralmuster dieses weißen Fischkuchens erinnert an die natürlich auftretenden Strudel in der Naruto-Straße, daher der Name. Der Fischkuchen ist eine hübsche Bereicherung für Ramen-Suppen. Es gibt sie in langen Stäbchen zu kaufen, die zum Garnieren in Scheiben geschnitten werden.

Tofu Er wird aus Soja hergestellt und erinnert in seiner Konsistenz an Käse.

DAS RICHTIGE GLEICHGEWICHT

Wie Sie bereits wissen, ist man in der asiatischen Küche bestrebt, die vier »S«-Geschmacksrichtungen ins Gleichgewicht zu bringen. Wenn Sie also unterschiedliche Proteine, Früchte oder Gemüsesorten für Ihre Ramen-Suppe verwenden, sollten sie harmonisch zusammengestellt werden.

Zum Beispiel möchten Sie für Ihre Ramen-Suppe nicht nur salzige Zutaten verwenden. Genauso wenig möchten Sie, das alle Bestandteile gleich schmecken und eine ähnliche Textur haben. Wenn Sie die Toppings aussuchen, achten Sie darauf, unterschiedliche Farben, Aromen und Texturen zu mischen. Dann haben Sie eine Suppe, die nicht nur gut schmeckt, sie ist auch »im Gleichgewicht«.

GEMÜSE UND OBST

Gemüse und Obst verleihen Ramen-Suppen frische Aromen, unterschiedliche Texturen, schöne Farben und Kontraste.

Äpfel Ob süß oder sauer, Äpfel liefern ein mildes Aroma und eine knackige Textur.

Bohnensprossen Eine traditionelle Beilage in der asiatischen Küche. Sie sind so dünn, dass sie nicht vorgegart werden müssen. Einfach in die heiße Brühe geben, so behalten sie Biss.

Chinesischer Senf Roh verleiht diese Gemüsepflanze einem Gericht eine scharfe Komponente. Gegart jedoch schmecken die Blätter mild und lieblich.

Eingelegtes Gemüse In einer Schale Ramen wirkt die Säure des Gemüses ausgleichend.

Mais Der Kontrast zwischen der Süße von frischem Mais und der Salzigkeit der Ramen-Brühe ist eine geradezu ideale Verbindung.

Menma Die fermentierten Bambussprossen haben ein liebliches, holziges Aroma. Sie können für mehr Aroma in verschiedenen Flüssigkeiten geköchelt werden. Eine Schale Ramen bekommt durch sie zusätzliche Textur.

Pak Choi Ein chinesischer Kohl, der einen Schuss Farbe und Abwechslung in die Ramen-Schale bringt.

Pilze Sie sind erdig, schmackhaft und gesund und ideal als Topping. Shiitake z. B. sind in Sachen Umami-Geschmack weit oben und haben eine fleischige Textur.

Radieschen Mit ihrem kräftigen, süßlichen Aroma verleihen sie Ramen einen Hauch von Schärfe.

Rosenkohl Er ist Teil des Fusiontrends, der aufregende neue Toppings in die Ramen-Suppe bringt. Der leicht bittere Rosenkohl gehört zu den Gewinnern, kombiniert man ihn mit lieblichen Aromen.

Rote Paprikaschoten Sie verleihen Ramen-Suppen eine süßliche, fast fruchtige Note.

Spinat Er bringt ein wenig bitteres Aroma und eine feine Textur ins Spiel.

Tamarinde Wird oft in indischen Saucen und Currys verwendet. Einer Ramen-Suppe verleiht sie einen süßlichen, kräftigen Geschmack.

Tomaten Auf der Umami-Skala stehen sie ganz weit oben. Tomaten können einer Schale Ramen ein reiches, süßes und saures Aroma verleihen.

LETZTE VERFEINERUNG

Jetzt ist es Zeit, die Suppe zu genießen. Aber bevor Sie das tun, bekommt sie geschmacklich den letzten Schliff. Diese letzten Zusätze machen das Ganze nicht nur optisch ansprechender, sondern unterstreichen auch das gesamte Geschmacksprofil.

MEHR KÖRPER

Öle und Fette machen eine Brühe schmackhafter und schwerer, meist werden sie auf die dampfende Ramen-Suppe getröpfelt. Öle als Würze sind überaus beliebt. Sesamöl, Öl aus geröstetem Knoblauch und Chiliöl werden am häufigsten verwendet. Gehen Sie sparsam damit um, denn viele haben ein sehr kräftiges Aroma.

Butter
In einigen Regionen Japans ist es üblich, Ramen für noch mehr Substanz mit einem Stück Butter zu verfeinern. Butter passt gut zu Ramen mit Miso oder Mais als Basis. Milchfreie Alternativen sind Erdnuss- oder Cashewbutter.

Chiliöl
Einzelne Punkte des strahlend rötlich-orangefarbenen Öls sehen in einer Schale Ramen gut aus, außerdem liefert es ein wenig Schärfe.

Öl aus geröstetem Knoblauch
In Japan wird es *Mayu* genannt. Es verleiht gehaltreichen Gerichten eine leicht bittere Note.

Sesamöl
Ramen-Suppen bekommen durch die Zugabe ein erdiges Aroma.

Ganz unterschiedliche Öle sorgen in Ramen für mehr Gehalt.

ZUM SCHLUSS BESTREUEN

Es gibt viele Möglichkeiten, eine Schale Ramen in etwas Unwiderstehliches zu verwandeln. Nüsse, Flocken, Zitrusschalen und Gewürze sorgen bei einer Ramen-Suppe für den Extrakick und liefern zusätzlichen Geschmack sowie Textur.

Sesamsamen
Sie liefern einen Kontrast bei der Textur. Geröstete Samen schenken einer Schale Ramen zusätzlich eine einzigartige geschmackliche Note.

Cashewkerne und Erdnüsse
Ob ganz, gehackt oder als Sahnezubereitung, Cashew- und Erdnüsse sind eine wundervolle Ergänzung für Ramen-Suppen.

Limetten
Limettensaft bringt Säure ins Spiel, was wiederum andere Aromen in der Ramen-Suppe besser hervorhebt.

Zerkleinerte Chiliflocken
Sie erhöhen den Schärfegrad von Ramen-Suppen und sorgen für Gleichgewicht. Zudem bringen sie Komplexität.

Bonitoflocken
Gehobelte, getrocknete Thunfischflocken werden bei der Zubereitung und Garnierung von Dashi-Brühe verwendet.

ZUSAMMENSTELLUNG

Damit die Brühe heiß bleibt und die Nudeln nicht zu lange darin schwimmen und weich werden, sollte die Suppe schnell zusammengestellt werden. Toppings und Garnituren müssen vorbereitet und portioniert sein und die richtige Temperatur haben.

1 SCHALE UND NUDELN

Die Schale für Ramen-Suppen sollte tief und breit sein, um sie mit Nudeln und Brühe füllen und Toppings und Garnituren ordentlich auslegen zu können. Tonschalen eignen sich am besten, sie halten die Hitze, aber auch Keramik- und Kunststoffschalen können verwendet werden. Die Schalen müssen nicht vorgewärmt werden, wenn die Brühe kochend heiß ist.

Eine Portion ungegarte Nudeln hat etwa 110–170 g. Die Nudeln nach Packungsangabe nur kurz garen, damit sie ihre elastische Konsistenz bewahren. Die gegarten Nudeln schnell mit lauwarmem Wasser abspülen, dann auf die Schalen verteilen.

2 BRÜHE

Einige Köche geben erst Tare (Gewürzflüssigkeit) und Brühe in die Schale, andere würzen die Brühe insgesamt und füllen sie dann in die Schale. Die Würze lässt sich leichter kontrollieren, wenn man sie in die Brühe gibt, deshalb wird es in diesem Buch auch so gehandhabt. Die Nudeln sollten mit der Brühe gerade bedeckt sein, so entsteht quasi eine Plattform für die Toppings. Haben Sie die heiße Brühe eingefüllt, lockern Sie die Nudeln mit einer Zange etwas auf, damit sie nicht aneinanderkleben.

3 PROTEIN

Es ist wichtig, die Toppings ordentlich nebeneinanderzulegen, damit das Ganze ansprechend aussieht. Die Toppings sollten in abgegrenzte Bereiche gelegt werden, und begonnen wird mit dem Protein. Wenn die Brühe gerade die Nudeln bedeckt, können die Toppings daraufgelegt werden und tauchen nicht ein. Wenn Sie Chashu dazugeben möchten, reichen 2–3 Scheiben pro Portion.

4 GEMÜSE

Jetzt kommt das Gemüse häufchenweise auf die Nudeln. Das verwendete Gemüse sollte Brühe und andere Zutaten ergänzen, hübsch angerichtet sein und für eine kontrastierende Textur sorgen.

Sie können rohes und gegartes saisonales Gemüse verwenden. Manchmal wird das Gemüse auch in Brühe gegart, dann herausgenommen und als Topping auf die Suppe gelegt.

5 GARNITUR

Auch wenn es bei der Garnitur praktisch keine Grenzen gibt, sollten Sie bei Ihrer Wahl auf ein harmonisches Gleichgewicht achten. Frühlingszwiebeln kommen meist zum Schluss darauf. Ein Esslöffel gehackte Frühlingszwiebeln entspricht einer Portion, aber Sie können nach Vorliebe variieren.

Hübsch sieht es aus, wenn Sie zum Schluss ein Noriblatt auf den Rand der Schale legen und zur Hälfte in die Brühe tauchen.

GRUNDREZEPTE

Auf den folgenden Seiten erfahren Sie alles, was Sie wissen müssen, damit die Ramen-Suppe gelingt. Dazu gehören Angaben zu den Brühen, Rezepte für Nudeln, Chashu und Menma sowie Möglichkeiten, Eier und Gemüse zuzubereiten.

RAMEN-NUDELN

Selbst Nudeln zuzubereiten ist nicht so schwer, wie Sie vielleicht denken. Der Hauptunterschied zwischen normalen und Ramen-Nudeln liegt darin, dass für Letztere alkalisiertes Wasser verwendet wird, in Japan als Kansui-Wasser bekannt. Sie können für dieses Rezept mit Backnatron selbst Kansui-Wasser herstellen oder eine Fertiglösung verwenden. Die trockenen Zutaten werden akkurat in Gramm abgemessen, auch geringe Mengen.

Zubereitung 2 Std. **Garzeit** 90 Min.
Menge 4 Portionen à 170 g

Zutaten:

4 EL Backnatron
20 g Meersalz
600 g Mehl, Type 550
4 Eigelb

Besondere Ausstattung:

Mixer mit Knethaken
Teigrolle
Nudelmaschine und Portionierer

1 Für das gebackene Backnatron ein kleines Backblech mit Backpapier belegen und Backnatron in einer dünnen Schicht daraufstreuen. 90 Minuten bei 140 °C Ober-/Unterhitze backen. Abkühlen lassen, in ein Gefäß geben und verschließen. Möglichst nicht damit in Berührung kommen, es könnte die Haut reizen.

2 Für das Kansui-Wasser 240 ml warmes Wasser, Meersalz und 13 g Backnatron in einem Messbecher verrühren. So lange rühren, bis alles aufgelöst ist.

Kansui: Wenn Sie eine Fertiglösung verwenden, ersetzen Sie das gebackene Backnatron in diesem Rezept durch 2 EL von der Lösung.

3 Das Mehl in die Rührschüssel eines Mixers geben. In die Mitte eine Vertiefung drücken. Eigelb dort hineingeben, dann 2 Minuten auf schwacher Stufe vermengen, bis das Eigelb sich mit dem Mehl verbunden hat.

4 Kansui-Wasser hinzugeben und weitermixen, bis sich der Teig vom Schüsselrand löst. Sind alle Zutaten verbunden, den Teig weiter mit der Hand kneten. (Die Mischung ist relativ trocken und kann für die Maschine zu schwierig sein.) Ggf. mehr Wasser zugeben. Jeweils nur 1 EL Wasser hinzufügen, gerade so viel, dass der Teig zusammenklebt. Der Teig sollte homogen sein, ohne sich feucht anzufühlen.

Fortsetzung

5 Ist der Teig homogen, aus der Schüssel nehmen und auf einer glatten Arbeitsfläche etwa 5–10 Minuten mit der Hand kneten. Den Teig in Frischhaltefolie wickeln und mindestens 1 Stunde . ruhen lassen.

Aufbewahrung: Jedes Nudelpäckchen in Frischhaltefolie wickeln, in einen verschließbaren Gefrierbeutel legen und kalt stellen. im Kühlschrank hält sich der Teig so bis zu 1 Woche.

6 Den Teig auswickeln und mit einer Teigrolle ausrollen, bis er dünn genug für die Nudelmaschine ist.

7 Den Teig dreimal auf jedem Walzenabstand bis Stufe 4 durch die Nudelmaschine drehen. Wenn der Teig feucht ist, legen Sie ihn jetzt zum Trocknen auf den Tisch, bevor Sie ihn schneiden.

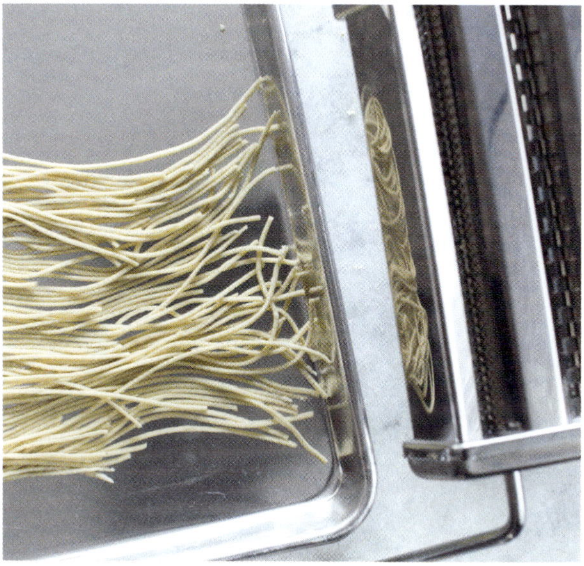

8 Den Teig nun mithilfe des Schneidaufsatzes etwa 2 mm dick schneiden.

9 Das Ergebnis sind hübsche, gerade Nudeln. (Für gewellte Nudeln ist besonderes Equipment nötig.) Den Teig in etwa 35 cm lange Nudeln schneiden.

FRiSCHE RAMEN-NUDELN KOCHEN

Die Textur der Nudeln in Ramen-Suppen ist von großer Bedeutung. Die köstlichste Brühe ist ruiniert, wenn die Nudeln matschig sind. Gegarte Ramen-Nudeln sollten fest und elastisch sein. Der Topf muss groß genug sein, denn die Nudeln brauchen Platz.

Zubereitung 5 Min. **Garzeit** 2 Min.
Menge 4 Portionen

Zutaten:

680 g frische **Ramen-Nudeln**

Besondere Ausstattung:

1 Topf (mind. 7,5 l Fassungsvermögen)

1 Sieb

4 tiefe Servierschalen

1 Wasser in einen großen Topf geben und bei mittlerer Hitze zum Kochen bringen. Sie benötigen pro 25 g Nudeln mindestens 250 ml Wasser. Das Wasser nicht salzen, die Nudeln enthalten bereits Salz, ebenso die Ramen-Brühe.

2 Sobald das Wasser kocht, die Ramen-Nudeln hineingeben. Mithilfe einer Zange verteilen, damit sie nicht zusammenkleben.

Nudeln für Kaltgerichte: Sollen die Nudeln für ein Kaltgericht wie Tsukemen (Ramen zum Dippen) oder einen Nudelsalat verwendet werden, müssen sie nach dem Abseihen sofort mit kaltem Wasser abgespült werden, damit sie nicht weitergaren.

3 Die Nudeln 50 Sekunden kochen, ab und zu mit der Zange umrühren, damit sie nicht aneinanderkleben.

4 Topf vom Herd nehmen, Nudeln in ein Sieb abgießen. 10 Sekunden mit lauwarmen Wasser abspülen, dann das Sieb zum Abtropfen der Nudeln schütteln.

5 Mithilfe der Zange die Nudeln in vier Servierschalen verteilen.

CHASHU-SCHWEINERÜCKEN

Dünne, umamireiche Streifen Chashu-Schweinerücken werden oft zum Schluss verzehrt, als wollte man sich das »Feuerwerk« fürs Finale aufheben. Chashu-Schweinerücken zuzubereiten ist einfach und lohnt sich. Die köstliche Fleischbrühe kann für marinierte Eier, Würzen (Tare), zum Aufwärmen von Chashu-Scheiben und für die Garnitur verwendet werden.

Zubereitung 25 Min. **Garzeit** 2 ½ Std.
Menge 1 kg

Zutaten:

1 kg Schweinerücken
2 TL Meersalz
2 EL Pflanzenöl
240 ml Sojasauce
240 ml Sake
240 ml Mirin
85 g brauner Zucker
5 Knoblauchzehen, zerdrückt
5 Frühlingszwiebeln, grob gehackt
1 Stück Ingwer (5 cm), geschält, klein geschnitten
2 EL Limettensaft

Besondere Ausstattung:

Fleischerzwirn

Aufbewahrung: Reste von ungeschnittenem Chashu-Schweinerücken können Sie in Frischhaltefolie einwickeln und bis zu 1 Woche im Kühlschrank aufbewahren. Nur die Scheiben abschneiden, die Sie brauchen, und den Rest wieder in den Kühlschrank legen.

1 Den Schweinerücken auf ein Schneidebrett legen. Zu einer schmalen Rolle formen und mit Fleischerzwirn umwickeln. Dann mit Meersalz einreiben.

2 Das Öl in einer Pfanne stark erhitzen, Schweinerücken darin von allen Seiten in etwa 10 Minuten bei starker Hitze scharf anbraten. Mit der Zange wenden.

3 250 ml Wasser, Sojasauce, Sake, Mirin, braunen Zucker, Knoblauch, Frühlingszwiebeln, Ingwer und Limettensaft zugeben und zum Kochen bringen.

4 Das Fleisch mit Folie gut abdecken, sodass Schweinerücken und Flüssigkeit gut bedeckt sind, der Dampf aber noch entweichen kann. Bei schwacher Hitze 2 Stunden köcheln lassen.

5 Fleisch aus der Pfanne nehmen, auf ein Schneidebrett legen und 15 Minuten ruhen lassen. Die Garflüssigkeit bei mittlerer Hitze zum Köcheln bringen und in etwa 5–8 Minuten reduzieren. Dann sollte sie leicht eingedickt sein. Vom Herd nehmen. Abkühlen lassen, dann als Würze oder Marinade verwenden.

6 Das abgekühlte Fleisch fest in Frischhaltefolie wickeln, damit es in Form und saftig bleibt. Im Kühlschrank aufbewahren. Zur Verwendung auswickeln und in sehr dünne Scheiben schneiden. Legen Sie diese dünnen Scheiben in die heiße Brühe, sind sie schnell erwärmt.

CHASHU-SCHWEINEBAUCH

Saftige, leckere Scheiben Chashu-Schweinebauch sind bei den meisten Ramen-Suppen eine willkommene Zutat. Sie sind herzhaft und enthalten reichlich Fett. Bevor Schweinebauch in die Suppe kommt, wird er am besten scharf angebraten. Er verträgt sich hervorragend mit Kokosmilch.

Zubereitung 8 ½ Std. **Garzeit** 3 ½ Std.
Menge 1 kg Schweinebauch

Aufbewahrung: im Kühlschrank hält sich Chashu-Schweinebauch bis zu 1 Woche, wenn er in einem verschlossenen Gefrierbeutel aufbewahrt wird. So lässt er sich auch bis zu 6 Monate lang einfrieren.

Zutaten:

1 kg Schweinebauch ohne Schwarte
1 EL Meersalz
1 EL Sesamöl
480 ml **Hühnerbrühe**
4 EL helle Sojasauce
2 EL Sake
2 EL Mirin
1 EL Zucker
5 Knoblauchzehen, zerdrückt
5 Frühlingszwiebeln, grob gehackt
1 Stück Ingwer (5 cm), geschält, klein geschnitten
2 EL Limettensaft
400 ml Kokosmilch

Besondere Ausstattung:

1 ofenfeste Auflaufform

1 Den Backofen auf 150 °C Ober-/Unterhitze vorheizen. Schweinebauch auf ein Schneidebrett legen und mit Salz einreiben. Ein größeres Stück können Sie wie den Schweinerücken rollen und mit Zwirn umwickeln.

2 In einer großen ofenfesten Form Öl, Hühnerbrühe, Sojasauce, Sake, Mirin, Zucker, Knoblauch, Frühlingszwiebeln, Ingwer, Limettensaft und Kokosmilch mischen. Den Schweinebauch mit der Fettseite nach oben darauflegen.

3 Die Form fest mit Alufolie einschlagen und das Fleisch 3½ Stunden im Ofen garen. Für die Garprobe mit einem Messer einstechen. Ist das Fleisch weich, lässt es sich leicht wieder herausziehen. Schweinebauch aus dem Ofen nehmen, abkühlen und 1 Stunde ruhen lassen, damit sich der Fleischsaft sammeln kann.

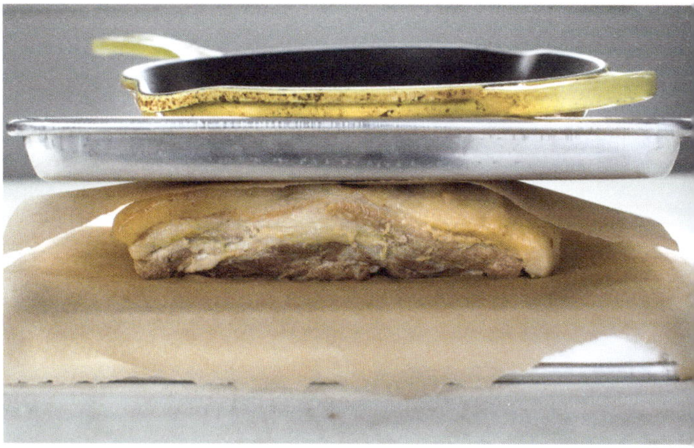

4 Das Fleisch vorsichtig auf ein mit Backpapier belegtes Backblech setzen. Ein weiteres Stück Backpapier darauflegen, dann ein zweites Backblech, zum Schluss ein schweres Gewicht darauflegen. In den Kühlschrank stellen. Den ausgetretenen Fleischsaft auffangen und zum Würzen der Ramen-Suppe verwenden.

5 Fleisch über Nacht im Kühlschrank ruhen lassen. Danach lässt sich der Schweinebauch leicht in Scheiben schneiden. Vor dem Verzehr Schweinebauch auf ein Schneidebrett legen und in 2,5 cm dicke und etwa 7,5–10 cm lange Scheiben schneiden.

6 Bevor das Fleisch in die Brühe kommt, wird es knusprig gebraten. Eine beschichtete oder gusseiserne Pfanne erhitzen, etwas Öl zugeben. Die Bauchscheiben mit ein wenig Salz bestreuen und bei mittlerer Hitze goldbraun braten.

MARINIERTE WEICH GEKOCHTE EIER

Diese köstlichen Eier sind eine Ramen-Grundzutat. Das weiche Eigelb liefert der Brühe mehr Gehalt, und mariniertes Eiweiß gibt zusätzliche Textur. Die Eier passen in jede Ramen-Schale!

Zubereitung 4–12 Std. **Menge** 4 Eier

Zutaten:

120 ml Sojasauce
2 EL Sake
1 EL Zucker
1 EL Mirin
4 **weich gekochte Eier**, gepellt

Besondere Ausstattung:

1 mittelgroßer, verschließbarer Gefrierbeutel

Aufbewahrung: Die marinierten Eier halten sich 1 Woche im Kühlschrank. (Sie sollten aber nicht in der Marinade aufbewahrt werden.)

Für die Marinade den Gefrierbeutel in eine mittelgroße Schüssel stellen und mit Sojasauce, Sake, Zucker, Mirin und 250 ml Wasser füllen. Umrühren, bis sich der Zucker aufgelöst hat. Weich gekochte Eier in die Marinade legen. Die Luft aus dem Gefrierbeutel drücken und diesen verschließen. Mindestens 4 Stunden in den Kühlschrank stellen, jedoch nicht länger als 12 Stunden in der Marinade lassen. Vor dem Verzehr die Eier auf Zimmertemperatur erwärmen, dann längs halbieren.

WEICHE EIER SCHNEIDEN

Ein weich gekochtes Ei zu halbieren, ohne dass Eigelb ausläuft, kann eine Herausforderung sein. Mit einem Käseschneider gehen die Schnitte leicht und sauber von der Hand. Wenn Sie keinen besitzen, können Sie Angelschnur, unbeschichtete Zahnseide oder ein scharfes Messer verwenden.

Besondere Ausstattung:

1 Käseschneider, Angelschnur, unbeschichtete Zahnseide oder ein scharfes Messer

Wenn Sie Angelschnur oder Zahnseide verwenden, binden Sie ein Ende an etwas fest und halten Sie das andere Ende fest in einer Hand. In der anderen Hand das Ei leicht umschließen, dann an die Schnur oder Zahnseide führen und durchschneiden.

Wer ein Messer benutzt, legt das Ei auf ein Schneidebrett. Langsam mit einer schneidenden Bewegung beginnen, dann schnell beenden.

MENMA

Menma ist eine Würze aus Bambussprossen. Sie wird in vielen unterschiedlichen Ramen-Suppen verwendet, in Japan ist sie eine beliebte Beigabe. Auch wenn es Fertigprodukte in Asialäden gibt, lohnt es sich doch, Menma selbst zuzubereiten.

Zubereitung 20 Min. **Garzeit** 20 Min. **Menge** 350 g

Zutaten:

1 EL Sake

2 EL Sojasauce

1 TL Zucker

1 TL Reisweinessig

2 TL Sesamöl

140 g Bambussprossen (in Scheiben, aus der Dose)

1 Knoblauchzehe, fein gehackt

1 In einer kleinen Schüssel Sake, Sojasauce, 4 EL Wasser, Zucker und Reisweinessig verrühren und beiseitestellen.

Aufbewahrung: Menma muss nicht sofort verwendet werden. im Kühlschrank hält sich die Würze 1 Woche. Menma einfach abkühlen lassen, in einen verschließbaren Gefrierbeutel geben und kalt stellen.

2 Das Öl in der Pfanne erhitzen. Bambussprossen zugeben und bei mittlerer Hitze 1 Minute braten. Hitze reduzieren, Knoblauch zugeben, dann die Zutaten aus der Schüssel.

3 Alles 15 Minuten braten, dabei ab und zu umrühren, bis die Flüssigkeit nahezu völlig verdampft ist. Auf einen Teller geben und vollständig abkühlen lassen.

ÖL AUS GEBRATENEM KNOBLAUCH

Dieses Öl ist eine fantastische Zugabe für eine Ramen-Suppe. Pur schmeckt es etwas bitter. Aber gibt man zum Schluss ein paar Tropfen auf die Suppe, liefert das Öl ein tiefes Nussaroma, das einen lieblichen Kontrast zur köstlichen Brühe bildet.

Zubereitung 10 Min. **Garzeit** 20 Min. **Menge** 120 ml

Zutaten:

4 EL Pflanzenöl

10 Knoblauchzehen, fein gehackt

4 EL Sesamöl

½ TL Zucker

½ TL Meersalz

Besondere Ausstattung:

Küchenmaschine oder Mixer

Aufbewahrung: Soll das Öl später verwendet werden, in ein verschließbares Gefäß füllen. Im Kühlschrank hält es sich bis zu 2 Monate.

1 In einem kleinen Topf bei schwacher bis mittlerer Hitze Öl und Knoblauch erhitzen, bis das Ganze zu bräunen beginnt.

2 Unter ständigem Rühren 10 Minuten bei schwacher Hitze weiterbraten.

3 Der Knoblauch sollte dunkel und klebrig aussehen. Sobald dies der Fall ist, vom Herd nehmen.

4 Sesamöl, Zucker und Meersalz hinzufügen und einrühren.

5 Die Mischung in der Küchenmaschine oder im Mixer 1–2 Minuten mixen. Jetzt kann das Öl sofort verwendet werden.

REZEPTE MIT DASHI-BRÜHE

Dashi-Brühe hat ein feines, teeähnliches Aroma, ist überaus vielseitig verwendbar und leicht zuzubereiten. Die frischen Meeresaromen und die feine Grundnote harmonieren gut mit Zutaten wie Fisch, Miso und Tofu.

DASHI-BRÜHE

Die leicht zuzubereitende Dashi-Brühe ist aus der japanischen Küche nicht wegzudenken. Diese Kombu-Dashi wird aus Kombu (Seetang) und Bonitoflocken (getrocknete Thunfischflocken) gekocht. Der Geschmack der Brühe lässt sich beschreiben als komplex, fein und nuanciert, fast so wie duftender Tee.

Zubereitung 5 Min. **Garzeit** 25 Min. **Menge** 2 l

Zutaten:

5 Streifen getrockneter Kombu (je etwa 15 cm lang)

12 g Bonitoflocken

Besondere Ausstattung:

1 feines Haarsieb oder Seihtuch

2 Kombu mit 2 l Wasser in einen großen Topf geben und bei mittlerer Hitze 15–20 Minuten köcheln lassen. Darauf achten, dass das Wasser nicht kocht.

1 Die Kombustreifen vorsichtig mit einem sauberen Küchenhandtuch und leicht angefeuchtetem Küchenpapier abreiben, um mögliche Rückstände zu entfernen. Das verfeinert den Geschmack.

3 Kombu mit einer Zange aus dem Topf nehmen und in einen großen Behälter legen (ggf. für eine zweite Dashi-Brühe beiseitestellen). Herd nicht ausschalten.

4 Bonitoflocken ins Kombu-Wasser geben und 2 Minuten sanft mitköcheln lassen.

5 Den Herd ausschalten und die Brühe weitere 5 Minuten ziehen lassen.

Fortsetzung

6 Die Flüssigkeit durch ein feines Haarsieb oder Seihtuch in eine Schüssel abseihen. Die Brühe sollte eine blasse Farbe haben und sowohl süß als auch salzig schmecken. (Die abgeseihten Bonitoflocken nach Belieben für die zweite Brühe aufbewahren.) Die Brühe kann sofort verwendet werden.

Aufbewahrung: Die Brühe abkühlen, in einen verschließbaren Behälter füllen und im Kühlschrank bis zu 4 Tage aufbewahren. Sie lässt sich bis zu 6 Monate einfrieren.

Dashi-Brühe

SEKUNDÄRE DASHI-BRÜHE

Aus dem vorherigen Rezept entsteht eine honigfarbene, klare und köstliche Dashi-Brühe, die sich gut für einfache Ramen-Suppen ohne allzu viele Beigaben verwenden lässt, weil sie für sich schon gut schmeckt. Diese Dashi-Brühe wird etwas trübe und milder im Geschmack ausfallen, sie bildet die Basis für Suppen und Saucen aus Miso oder für geköchelte Speisen.

Zubereitung 1 Std. **Garzeit** 20 Min. **Menge** 1 l

Zutaten:

abgeseihte Kombu-Streifen und Bonitoflocken aus der **Dashi-Brühe**

60 g Bonitoflocken

Besondere Ausstattung:

1 feines Haarsieb oder Seihtuch

1 1 l Wasser, abgeseihte Kombustreifen und Bonitoflocken mit Wasser in einen großen Topf geben und zum Kochen bringen.

2 Bei schwacher Hitze etwa 10 Minuten köcheln lassen.

3 Herd ausschalten und die zusätzlichen Bonitoflocken einrühren. 1 Stunde in der Flüssigkeit ziehen lassen.

4 Die Brühe durch ein feines Haarsieb oder Seihtuch abseihen. Die Brühe kann sofort verwendet werden.

Aufbewahrung: Die Brühe können Sie genauso aufbewahren wie die normale Dashi-Brühe. Zum Einfrieren einen Eiswürfelbehälter verwenden oder die Brühe in 250-ml-Portionen einfrieren. So ist sie leicht einsetzbar.

Sekundäre Dashi-Brühe

TSUKEMEN-DASHI-RAMEN MIT CHASHU

Tsukemen zum Tunken ist eine beliebte Ramen-Variation, die in den heißen Sommermonaten genossen wird. Die kalten oder auf Zimmertemperatur abgekühlten Nudeln tunken – sie saugen die Brühe auf und bleiben dabei erfrischend kühl.

Zubereitung 10 Min. **Garzeit** 10 Min.
Menge 4 Schalen

Zutaten:
680 g frische **Ramen-Nudeln**
720 ml **Dashi-Brühe**
240 ml Mirin
240 ml Sojasauce
2 EL Zucker
4 Frühlingszwiebeln, fein gehackt
2 EL Pflanzenöl
12 Scheiben **Chashu-Schweinebauch**
1 TL Meersalz
175 g Shiitakepilze, in Scheiben geschnitten
4 **marinierte weich gekochte Eier**, längs halbiert
85 g **Menma**

Besondere Ausstattung:
8 Servierteller

1 Die Ramen-Nudeln in einem großen Topf mit kochendem Wasser 50 Sekunden garen. Ab und zu umrühren. Abgießen, abspülen und auf vier Servierteller verteilen.

2 Die Dashi-Brühe in einem mittelgroßen Topf bei mittlerer Hitze zum Köcheln bringen. Mirin, Sojasauce, Zucker und Frühlingszwiebeln hinzugeben und bei reduzierter Hitze weitere 5 Minuten sanft köcheln lassen.

3 In einer großen Pfanne 1 EL Öl erhitzen. Die Chashu-Scheiben mit Salz bestreuen.

4 Das Bauchfleisch von beiden Seiten bei mittlerer Hitze etwa 2 Minuten von jeder Seite anbraten. (Ggf. portionsweise braten.) Aus der Pfanne nehmen und beiseitestellen.

5 Restliches Öl in derselben Pfanne erhitzen und die Pilze darin in etwa 5 Minuten goldgelb braten.

6 Warme Brühe in vier Schalen füllen. Das gebratene Chashu-Bauchfleisch, Pilze, marinierte Eier und Menma auf die übrigen vier Servierteller verteilen.

7 Jedem Gast eine Schale mit Brühe servieren, dazu je eine Servierschale mit Nudeln und Garnitur reichen.

Serviervorschlag: Sie können die Brühe heiß oder kalt servieren und Garnitur und Nudeln in die Brühe geben oder getrennt dazu reichen. Die Nudeln mit Zahnstochern in die Brühe tunken und sofort »wegschlürfen«!

DASHI-RAMEN MIT TEMPURA-GARNELEN

Japaner bereiten Tempura seit dem 18. Jahrhundert zu, als portugiesische Missionare die Technik mitbrachten. Diese Suppe wartet mit verschiedenen Texturen auf wie knusprigen Tempura-Garnelen, elastischen Nudeln und einer feinen Brühe.

Zubereitung 35 Min. **Garzeit** 25 Min. **Menge** 4 Schalen

1 l Pflanzenöl
1,4 l **Dashi-Brühe**
160 ml Sojasauce
120 ml Mirin
2 EL Reisweinessig
2 EL Zucker
125 g Mehl
180 ml Eiswasser
1 Ei
12 Garnelen, geschält, entdarmt
30 g Speisestärke
680 g frische **Ramen-Nudeln**
2 Frühlingszwiebeln, in dünne Scheiben geschnitten
4 Scheiben Narutomaki (Fischkuchen)
85 g gegarter Mais
4 Noriblätter
1 TL Shichimi-Togarashi-Pulver

Besondere Ausstattung:
Kochthermometer

1 Das Öl in einem kleinen hohen Topf auf 180 °C erhitzen (mit dem Thermometer überprüfen).

2 Die Dashi-Brühe in einem großen Topf bei mittlerer Hitze zum Köcheln bringen. Sojasauce, Mirin, Essig und Zucker hinzugeben und 5 Minuten köcheln. Herdplatte ausschalten, Topf beiseitestellen.

3 Mehl in eine Rührschüssel sieben. Eis aus dem Eiswasser nehmen, Eiswasser in eine kleine Schüssel gießen und das Ei kräftig einrühren.

4 Eimischung zum Mehl geben und Zutaten vermengen, nicht zu lange rühren.

5 Garnelen trocken tupfen und ausbreiten. Speisestärke auf beide Seiten sieben. Garnelen am Schwanz ergreifen, in den Teig tauchen, dann in das heiße Öl geben.

6 Garnelen in etwa 3 Minuten goldbraun frittieren. Mithilfe einer Zange herausnehmen und auf einen mit Küchenpapier belegten Teller legen.

7 Die Ramen-Nudeln in einem großen Topf mit kochendem Wasser 50 Sekunden garen. Ab und zu umrühren. Abgießen, abspülen und auf vier Servierschalen verteilen.

8 Die Brühe erneut zum Köcheln bringen. So viel heiße Brühe in die Schalen gießen, dass die Nudeln knapp bedeckt sind. Jeweils Garnelen, Frühlingszwiebeln, Narutomaki und Mais darauf anrichten.

9 An den Rand jeder Schale je 1 Noriblatt legen. Alles mit Shichimi-Togarashi-Pulver bestreuen.

SCHARFE MISO-DASHI-RAMEN MIT LACHS

Frischer Lachs schmeckt nicht nur gut, er sieht zudem in der Schale recht hübsch aus. Die Dashi-Brühe bietet dem Lachs eine ideale Basis, und die fermentierte rote Misopaste ergänzt die Meeresaromen.

Zubereitung 20 Min. **Garzeit** 30 Min.
Menge 4 Schalen

1,4 l **Dashi-Brühe**
1 TL Zucker
4 EL + 2 EL Sojasauce
2 TL Sesamöl
2 EL Reisweinessig
4 EL rote Misopaste
2 EL scharfe fermentierte Chilibohnenpaste
2 Lachsfilets à 170 g
2 EL Pflanzenöl
680 g frische **Ramen-Nudeln**
85 g Enokipilze, geputzt
2 EL weiße Sesamsamen
4 **marinierte weich gekochte Eier**, längs halbiert
2 Frühlingszwiebeln, fein gehackt
2 TL Chiliöl

1 Die Dashi-Brühe in einem großen Topf bei mittlerer Hitze zum Köcheln bringen.

2 Zucker, 4 EL Sojasauce, Sesamöl, Essig, Misopaste und Chilibohnenpaste hinzufügen. Bei schwacher Hitze 10 Minuten köcheln lassen.

3 In der Zwischenzeit die Lachsfilets trocken tupfen und mit den restlichen 2 EL Sojasauce würzen.

4 Das Öl in einer großen Pfanne erhitzen, Lachsfilets in die Pfanne geben.

5 Von jeder Seite 3–5 Minuten bei mittlerer Hitze braten. Filets aus der Pfanne nehmen und beiseitelegen.

6 Die Ramen-Nudeln in einem großen Topf mit kochendem Wasser 50 Sekunden garen. Ab und zu umrühren. Abgießen, abspülen und auf vier Servierschalen verteilen.

7 So viel heiße Brühe in die Schalen gießen, dass die Nudeln knapp bedeckt sind. Lachsfilets in große Stücke teilen und jeweils ein Viertel in die Schalen legen.

8 Pilze, Sesamsamen, marinierte Eier und Frühlingszwiebeln auf den Nudeln anrichten. Mit Chiliöl beträufeln.

DASHI-RAMEN MIT TOFU & PILZEN

Das gesunde Gericht schmeckt lieblich-erdig, und durch getrocknete Chilischoten leicht scharf. Wenn Sie statt Dashi-Brühe eine Gemüsebrühe verwenden, ist die Suppe auch für Vegetarier geeignet.

Zubereitung 20 Min. **Garzeit** 40 Min. **Menge** 4 Schalen

1,4 l **Dashi-Brühe**
85 g getrocknete Mu-Err-Pilze
175 g getrocknete Shiitakepilze
4 Knoblauchzehen, zerdrückt
8 Frühlingszwiebeln, fein gehackt (etwas Grün für die Garnitur beiseitelegen)
1 ½ TL zerdrückte Chiliflocken
175 g fester Tofu, gewürfelt
680 g frische **Ramen-Nudeln**
175 g frische Enokipilze, geputzt
4 Scheiben Narutomaki (Fischkuchen)
4 Noriblätter, in dünne Streifen geschnitten

Besondere Ausstattung:
1 feines Haarsieb
Zange oder Stäbchen

Pilzsand abseihen: Getrocknete Pilze können sandig sein und den Sand in der Brühe einlagern, wenn sie in der Flüssigkeit quellen. Deshalb muss die Suppe abgeseiht werden. Der Geschmack bleibt dabei erhalten.

1 Die Dashi-Brühe in einem mittelgroßen Topf bei mittlerer Hitze zum Köcheln bringen.

2 Mu-Err- und Shiitakepilze, Knoblauch und Frühlingszwiebeln hinzufügen und 30 Minuten köcheln lassen.

3 Die Brühe durch ein feines Sieb abseihen, die Mu-Err- und Shiitakepilze mit Zange oder Stäbchen herausnehmen. Restliche feste Bestandteile entfernen. Die Brühe wieder in den Topf gießen.

4 Shiitakepilze halbieren und mit den Mu-Err-Pilzen zurück in den Topf geben. Die Brühe erneut zum Köcheln bringen.

5 Chiliflocken und Tofu in die Brühe geben. 5 Minuten köcheln lassen.

6 Die Ramen-Nudeln in einem großen Topf mit kochendem Wasser 50 Sekunden garen. Ab und zu umrühren. Abgießen, abspülen und auf vier Servierschalen verteilen.

7 So viel heiße Brühe in die Schalen füllen, dass die Nudeln knapp bedeckt sind. Enokipilze und Narutomaki in die Schalen geben, mit Noriblattstreifen bestreut servieren.

PAD-THAI-DASHI-RAMEN MIT GARNELEN

Pad-Thai, ein in Thailand beliebtes Gericht, ist auch im Westen ein Klassiker. Es hat eine Zitrusnote und ist sehr kräftig. Dazu passen hervorragend Knoblauchgarnelen.

Zubereitung 20 Min. **Garzeit** 20 Min. **Menge** 4 Schalen

1,4 l **Dashi-Brühe**
80 ml Tamarindenkonzentrat
2 EL brauner Zucker
240 ml Sojasauce
3 EL Limettensaft
120 ml Mirin
2 TL Chili-Knoblauch-Sauce (z.B. Sriracha)
4 Frühlingszwiebeln, fein gehackt
3 EL Pflanzenöl
1 EL fein gehackter Knoblauch
285 g mittelgroße Garnelen, geschält, entdarmt
680 g frische **Ramen-Nudeln**
175 g Bohnensprossen, blanchiert
85 g gehackte Erdnüsse oder Cashewkerne
2 EL gehackter Koriander
4 Limettenspalten

1 Brühe in einem großen Topf bei mittlerer Hitze zum Köcheln bringen.

2 Tamarindenkonzentrat, Zucker, Sojasauce, Limettensaft, Mirin, Chili-Knoblauch-Sauce und die Hälfte der Frühlingszwiebeln zugeben und 10 Minuten köcheln lassen.

3 In der Zwischenzeit das Öl in einer Pfanne erhitzen.

4 Knoblauch und Garnelen 4–5 Minuten bei mittlerer Hitze braten.

5 Garnelen herausheben und auf einen Teller legen.

6 Die Ramen-Nudeln in einem großen Topf mit kochendem Wasser 50 Sekunden garen. Ab und zu umrühren. Abgießen, abspülen und auf vier Servierschalen verteilen.

7 Nudeln mit der heißen Brühe bedecken. Jede Schale mit Garnelen, Frühlingszwiebeln, Bohnensprossen, gehackten Erdnüssen oder Cashewkernen und Koriander dekorieren und mit Limettenspalten servieren.

HARISSA-DASHI-RAMEN & ENTE

Dieses nordafrikanisch inspirierte Gericht enthält Harissa, eine würzige Paste aus Chilischoten, Gewürzen, Kräutern und Zitrone, und ist ideal für eine scharfe Ramen-Suppe. Die schmackhafte Ente liefert einen schönen Kontrast zur leichten Brühe.

Zubereitung 20 Min. **Garzeit** 35 Min. **Menge** 4 Schalen

1,4 l **Dashi-Brühe**
6 EL Sojasauce
6 EL Harissa (Lebensmittelhandel)
1 EL Zucker
1 EL Reisweinessig
5 Frühlingszwiebeln, in Scheiben geschnitten
175 g Shiitakepilze, in Scheiben geschnitten
2 Entenbrüste mit Haut à 175 g
1 TL Meersalz
½ TL frisch gemahlener schwarzer Pfeffer
680 g frische **Ramen-Nudeln**
4 **marinierte weich gekochte Eier**, längs halbiert
2 EL weiße Sesamsamen

Entenhaut einschneiden: **Achten Sie darauf, dass Sie beim Einschneiden der Haut nicht in das Fleisch schneiden. Durch das Einschneiden schmilzt das Fett aus, und die Haut wird knusprig.**

1 Die Dashi-Brühe in einem Topf bei mittlerer Hitze zum Köcheln bringen. Sojasauce, Harissa, Zucker, Essig, Frühlingszwiebeln und Pilze zugeben, 15 Minuten köcheln lassen.

2 Entenbrüste mit Küchenpapier trocken tupfen. Die Haut kreuzweise einschneiden. Mit Salz und Pfeffer würzen.

3 Die Entenbrüste bei mittlerer Hitze mit der Haut nach unten in eine Pfanne legen und für 5–8 Minuten braten. Ist die Haut knusprig braun, wenden und weitere 3 Minuten braten.

4 Entenbrüste aus der Pfanne nehmen und mit der Haut nach oben 10 Minuten auf einem Teller ruhen lassen. Das Fett in der Pfanne für die Garnitur aufbewahren.

5 Die Ramen-Nudeln in einem großen Topf mit kochendem Wasser 50 Sekunden garen. Ab und zu umrühren. Abgießen, abspülen und auf vier Servierschalen verteilen.

6 So viel heiße Brühe in die Schalen gießen, dass die Nudeln knapp bedeckt sind. Entenbrust schräg in 2 cm dicke Scheiben schneiden. In vier Portionen teilen und jeweils fächerartig auf die Nudeln legen.

7 Übrige Frühlingszwiebeln und die marinierten Eierhälften in der Schale anrichten. Sesamsamen über das Entenfleisch streuen. Jeweils 1 ½ TL Entenfett über die Suppe träufeln.

SHIO-DASHI-RAMEN MIT MEERESFRÜCHTEN

Eine leichte, auf Salz basierende Ramen-Suppe, in der das frische Meeresaroma der Brühe mit Lachs und Shrimps harmoniert. Verwenden Sie frische, saisonale Meeresfrüchte, die zur Verfügung stehen.

Zubereitung 10 Min. **Garzeit** 15 Min.
Menge 4 Schalen

1,4 l **Dashi-Brühe**
2 EL Sake
1 EL Mirin
2 TL Zucker
1 TL helle Sojasauce
1 TL Sesamöl
1 ½ TL Meersalz
170 g frische Shiitakepilze, in Scheiben geschnitten
8–12 mittelgroße Garnelen, geschält und entdarmt
2 Lachsfilets à 170 g, ohne Haut, in 2,5 cm große Stücke geschnitten
1 ½ EL Zitronensaft
680 g frische **Ramen-Nudeln**
85 g Frühlingszwiebeln, in dünne Scheiben geschnitten
85 g **Menma**
4 Noriblätter
2 EL geröstete Sesamsamen

1 Die Dashi-Brühe in einem großen Topf bei mittlerer Hitze zum Köcheln bringen.

2 Sake, Mirin, Zucker, Sojasauce, Sesamöl, Salz und Pilze zugeben und 10 Minuten köcheln lassen.

3 Garnelen, Lachsfiletstücke und Zitronensaft in den Topf geben und das Ganze weitere 3 Minuten köcheln.

4 Die Ramen-Nudeln in einem großen Topf mit kochendem Wasser 50 Sekunden garen. Ab und zu umrühren. Abgießen, abspülen und auf vier Servierschalen verteilen.

5 So viel heiße Brühe in die Schalen gießen, dass die Nudeln knapp bedeckt sind.

6 Garnelen und Lachsstücke gleichmäßig in den Servierschalen verteilen. Jeweils Frühlingszwiebeln, gegarte Pilze und Menma darauf anrichten.

7 An den Rand jeder Schale jeweils 1 Noriblatt legen und zur Hälfte in die Brühe tauchen. Alles mit gerösteten Sesamsamen bestreuen.

MISO-DASHI-RAMEN MIT BACON

Auf der Umami-Skala steht diese Suppe ganz oben! Die Kombination aus Bacon und Dashi ist eine himmlische Verbindung, und Miso und Chilibohnenpaste steuern Tiefe und Komplexität bei.

Zubereitung 15 Min. **Garzeit** 35 Min. **Menge** 4 Schalen

3 Streifen geräucherter Speck
1,4 l **Dashi-Brühe**
2 Knoblauchzehen, zerdrückt
1 Stück Ingwer (1,25 cm), grob gehackt
4 EL helle Misopaste
1 EL Zucker
1 EL Sojasauce
2 TL Reisweinessig
1 ½ TL Chilibohnenpaste
175 g fester Tofu, gewürfelt
2 Handvoll Spinat
680 g frische **Ramen-Nudeln**
4 **marinierte, weich gekochte Eier**, längs halbiert
2 Frühlingszwiebeln, fein gehackt

1. Den Speck in 2,5 cm große Stücke schneiden, sie sollten so groß sein, dass man sie aus der Brühe fischen und für die Garnitur braten kann.
2. Die Dashi-Brühe in einem mittelgroßen Topf bei mittlerer Hitze zum Köcheln bringen. Knoblauch, Ingwer und Speck hinzugeben und 20 Minuten köcheln.
3. Die Brühe in einen Topf abseihen, den Speck aufbewahren. Mit Küchenpapier trocken tupfen.
4. Misopaste, Zucker, Sojasauce, Essig und Bohnenpaste in die Brühe rühren und 5 Minuten köcheln lassen.
5. In der Zwischenzeit bei mittlerer Hitze den Speck in einer Pfanne knusprig braten. Beiseitestellen.
6. Tofu und Spinat zur Brühe geben und 5 Minuten köcheln lassen.
7. Die Ramen-Nudeln in einem großen Topf mit kochendem Wasser 50 Sekunden garen. Ab und zu umrühren. Abgießen, abspülen und auf vier Servierschalen verteilen.
8. So viel Brühe in die Schalen geben, dass die Nudeln knapp bedeckt sind. Jeweils mit Speckstücken, marinierten Eierhälften und Frühlingszwiebeln anrichten.

REZEPTE MIT HÜHNERBRÜHE

Ramen-Suppen aus Hühnerbrühe sind leicht und schmecken angenehm nach frischem Huhn und Gemüse. Hühnerbrühe ist die Grundlage für viele Fusion-Food-Gerichte, etwa Thai-Curry-Ramen oder Ramen mit Marsalawein oder Hummer.

HÜHNERBRÜHE

Hühnerbrühe ist in der Küche sehr beliebt, lässt sie sich doch für eine Vielzahl von Suppen und Saucen verwenden. Das Allerbeste jedoch: Wer seine Brühe selbst zubereitet, hat die vollständige Kontrolle über alle Zutaten, die in den Topf kommen. Er kann auf Salz und Konservierungsmittel, die in Fertigprodukten und Brühwürfeln stecken, verzichten.

Zubereitung 10 Min. **Garzeit** 6 Std.
Menge 3 l

Zutaten:

1 ganzes Hähnchen (2,25 kg)

2 große Möhren, grob gehackt (schälen nicht erforderlich)

ca. 10 Knoblauchzehen, zerdrückt

2 Bund Frühlingszwiebeln (etwa 10 Stangen)

1 Zwiebel, halbiert

1 Stück Ingwer (7,5 cm, ungeschält)

Besondere Ausstattung:

1 Schaumlöffel

Seihtuch

1 Das Hähnchen in einen großen Topf legen und auf den Herd stellen. Möhren und Knoblauch hinzufügen.

2 Rund 4 l Wasser zugießen. Das Wasser sollte das Hähnchen etwa 5 cm bedecken.

3 Halbierte Zwiebeln mit der Schnittseite nach unten und Ingwer in einer gusseisernen Pfanne bei hoher Hitze ohne Fett dunkel anrösten, dann in den Topf geben. Sie können beides auch mithilfe einer Zange über einer offenen Gasflamme oder auf dem Rost rösten.

4 Das Wasser zum Kochen bringen, dann die Temperatur auf ein sanftes Köcheln reduzieren. Aufsteigenden Schaum in der ersten Stunde des Köchelns regelmäßig mit dem Schaumlöffel abschöpfen. Das Hähnchen sollte stets komplett mit Flüssigkeit bedeckt sein, daher regelmäßig etwas Wasser nachgießen. Damit die Brühe klar bleibt, diese nicht kochen, sondern sanft köcheln lassen.

5 Wenn die Brühe in der ersten Stunde regelmäßig abgeschöpft wurde, die Frühlingszwiebeln hinzufügen.

6 Die Brühe 2 Stunden köcheln lassen. Das Hähnchen herausnehmen und abkühlen lassen. Das Fleisch von den Knochen lösen und anderweitig verwenden.

Fortsetzung

7 Die Hähnchenknochen wieder in die Brühe geben. Alles bei hoher Temperatur zum Kochen bringen. Bei reduzierter Hitze 3 Stunden sanft köcheln lassen, bis die Brühe auf 3 l eingekocht ist.

8 Die Brühe abseihen und alle festen Bestandteile entfernen. Die Brühe kann jetzt als Grundlage verwendet werden.

Aufbewahrung: Die Brühe abkühlen lassen, in einem verschlossenen Behälter 1 Woche im Kühlschrank aufbewahren. Sie lässt sich für 6 Monate einfrieren.

Hühnerbrühe

SCHNELLE HÜHNERBRÜHE

Wenn es schnell gehen soll und sechs Stunden Kochzeit nicht drin sind, mogeln Sie einfach mit diesem Rezept.

Zubereitung 10 Min. **Garzeit** 1 ½ Std. **Menge** 1,7 l

Zutaten:

4 mittelgroße Hähnchenbrustfilets

1 große Möhre, grob gehackt (schälen nicht erforderlich)

3 Knoblauchzehen, zerdrückt

½ Zwiebel, grob gehackt

1 Stück Ingwer (5 cm, ungeschält)

3 Frühlingszwiebeln, fein gehackt

1 Hähnchenbrüste, Möhre, Knoblauch, Zwiebel, Ingwer, Frühlingszwiebeln und 1,7 l Wasser in einen mittelgroßen Topf geben. Bei starker Hitze zum Kochen bringen.

2 Die Temperatur auf schwache Hitze herunterschalten und das Ganze 1 ½ Stunden sanft köcheln lassen.

3 Die Brühe durch ein Sieb abseihen, alle festen Bestandteile entfernen. Das Fleisch anderweitig verwenden.

Aufbewahrung: Die schnelle Hühnerbrühe wird genauso aufbewahrt wie die normale Variante. Zum Einfrieren einen Eiswürfelbehälter verwenden oder die Brühe in 250-ml-Portionen einfrieren. So ist sie leicht einsetzbar.

Schnelle Hühnerbrühe

SHOYU-RAMEN MIT HUHN

Sie können mehrere Brühen zu einer »doppelten Suppe« kombinieren. Jede Brühe schmeckt einzigartig – wenn Sie zwei oder mehr kombinieren, entstehen mehrere Geschmacksschichten. Diese leichte Hühner-Soja-Brühe schmeckt dezent und nuancenreich, und die Zugabe von Dashi-Brühe verleiht ihr Meeresfrische.

Zubereitung 20 Min. **Garzeit** 20 Min. **Menge** 4 Schalen

- 1 l **Hühnerbrühe**
- 500 ml **Dashi-Brühe**
- 1 Stück Ingwer (5 cm, ungeschält), in Scheiben geschnitten
- 4 Knoblauchzehen, zerdrückt
- 4 EL + 1 EL Sojasauce
- 3 EL Sake
- 2 EL Mirin
- 1 ½ TL Zucker
- 680 g frische **Ramen-Nudeln**
- 350 g Hähnchen, gegart und zerteilt
- 45 g Frühlingszwiebeln, fein gehackt
- 4 **marinierte weich gekochte Eier**, längs halbiert

1. Hühnerbrühe und Dashi-Brühe in einem großen Topf bei mittlerer Hitze zum Köcheln bringen.
2. Ingwer, Knoblauch, Sojasauce, Sake, Mirin und Zucker hinzugeben. Weitere 15 Minuten köcheln. Brühe abseihen und alle festen Bestandteile entfernen.
3. Die Ramen-Nudeln in einem großen Topf mit kochendem Wasser 50 Sekunden garen. Ab und zu umrühren. Abgießen, abspülen und auf vier Servierschalen verteilen.
4. Heiße Brühe in die Schalen gießen, bis die Nudeln knapp bedeckt sind.
5. Zerteiltes Hähnchen, Frühlingszwiebeln und marinierte Eier auf den Nudeln anrichten.

TANTANMEN-RAMEN MIT HÜHNERBRÜHE

In dieser scharfen Suppe geben Sesam und Chili den Ton an. Das eingelegte Gemüse verleiht der Suppe eine feine säuerliche Note.

Zubereitung 10 Min. **Garzeit** 20 Min. **Menge** 4 Schalen

- 1,4 l **Hühnerbrühe**
- 2 TL Ingwer, fein gehackt
- 2 TL Knoblauch, fein gehackt
- 1 EL Sojasauce
- 1 TL Zucker
- 2 EL Neri-Goma- oder Tahin-Sesampaste
- 2 EL Chili-Knoblauch-Sauce (z. B. Sriracha)
- 680 g frische **Ramen-Nudeln**
- 150 g sauer eingelegtes Gemüse
- 8 dünne Scheiben **Chashu-Schweinerücken** (Zimmertemperatur)
- 85 g Frühlingszwiebeln, fein gehackt
- 1 TL Sesamöl

1. Hühnerbrühe, Ingwer, Knoblauch, Sojasauce, Zucker, Neri-Goma- oder Tahin-Sesampaste und Chili-Knoblauch-Sauce in einen großen Topf geben und bei mittlerer Hitze zum Köcheln bringen.
2. Die Brühe 15 Minuten köcheln lassen, ab und zu umrühren.
3. Die Ramen-Nudeln in einem großen Topf mit kochendem Wasser 50 Sekunden garen. Ab und zu umrühren. Abgießen, abspülen und auf vier Servierschalen verteilen.
4. Heiße Brühe in die Schalen geben, bis die Nudeln knapp bedeckt sind.
5. Eingelegtes Gemüse, Chashu-Schweinerücken und Frühlingszwiebeln auf den Nudeln anrichten und mit Sesamöl beträufeln.

SHIO-RAMEN MIT HÜHNERBRÜHE

Knoblauch und Ingwer durchdringen die traditionelle, klare, salzige Brühe. Die Toppings sind leicht und haben ein zartes Aroma. Sie sind eine gute Ergänzung.

Zubereitung 15 Min. **Garzeit** 20 Min. **Menge** 4 Schalen

1,4 l **Hühnerbrühe**
4 Knoblauchzehen, zerdrückt
1 Stück Ingwer (5 cm), in Scheiben geschnitten
1 EL Sake
2 EL Mirin
1 ½ TL Meersalz
680 g frische **Ramen-Nudeln**
4 **marinierte weich gekochte Eier**, längs halbiert
85 g Frühlingszwiebeln, fein gehackt
85 g **Menma**
150 g Bohnensprossen, blanchiert
150 g Shimejipilze oder Weiße Buchenpilze, geputzt
4 Noriblätter

1 Hühnerbrühe, Knoblauch und Ingwer in einem großen Topf bei mittlerer Hitze aufkochen. 10 Minuten bei schwacher Hitze köcheln lassen.

2 Die Brühe abseihen, Knoblauch und Ingwer entfernen. Die Brühe zurück in den Topf gießen und Sake, Mirin und Salz hinzufügen. 5 Minuten köcheln.

3 Die Ramen-Nudeln in einem großen Topf mit kochendem Wasser 50 Sekunden garen. Ab und zu umrühren. Abgießen, abspülen und auf vier Servierschalen verteilen.

4 Heiße Brühe hinzugießen, bis die Nudeln knapp bedeckt sind.

5 Marinierte Eier, Frühlingszwiebeln, Menma, Bohnensprossen und Pilze auf den Nudeln anrichten.

6 An den Rand jeder Schale jeweils 1 Noriblatt legen und zur Hälfte in die Brühe tauchen.

KIMCHI-APFEL-RAMEN MIT HÜHNERBRÜHE & ROSENKOHL

Gebratener Rosenkohl schmeckt fantastisch in einer Ramen-Suppe, und hier ist er der absolute Star. Die Kombination aus Soja, Kimchi und Rosenkohl wird mit den Aromen von Apfel und Miso perfekt ausbalanciert.

Zubereitung 20 Min. **Garzeit** 30 Min. **Menge** 4 Schalen

1 l **Hühnerbrühe**
500 ml **schnelle Schweinebrühe**
140 g Kimchi (eingelegter koreanischer Kohl)
1 Apfel (am besten Granny Smith), geschält, entkernt und gewürfelt
1 EL helle Misopaste
2 EL Sojasauce
2 TL Zucker
2 EL Pflanzenöl
300 g Rosenkohl, geputzt und halbiert
1 EL fein gehackter Knoblauch
2 EL salzarme Sojasauce
680 g frische **Ramen-Nudeln**

1. Hühnerbrühe und schnelle Schweinebrühe in einem großen Topf bei mittlerer Hitze zum Köcheln bringen.
2. Kimchi, Apfel, Misopaste, Sojasauce und Zucker hinzugeben und weitere 15 Minuten köcheln.
3. In der Zwischenzeit Öl in einer großen Pfanne erhitzen. Rosenkohl und Knoblauch darin unter häufigem Rühren bei mittlerer Hitze 10 Minuten braten.
4. Sojasauce in die Pfanne geben und Rosenkohl und Knoblauch weitere 2 Minuten garen. Pfanne vom Herd nehmen.
5. Die Ramen-Nudeln in einem großen Topf mit kochendem Wasser 50 Sekunden garen. Ab und zu umrühren. Abgießen, abspülen und auf vier Servierschalen verteilen.
6. Heiße Brühe hinzugießen, bis die Nudeln knapp bedeckt sind. Den Rosenkohl jeweils in der Mitte der Schalen anrichten.

MAZENEM-RAMEN MIT THUNFISCH

Mazenem-Ramen wird mit wenig Brühe serviert. Bei der trockenen Ramen-Version rücken die Toppings in den Mittelpunkt. Bei so wenig Flüssigkeit muss die Brühe sehr schmackhaft sein. Der frische Gelbflossen-Thunfisch stiehlt bei diesem Gericht allen die Show: Er liefert reichlich Textur und nimmt die Aromen der Brühe auf.

Zubereitung 15 Min. **Garzeit** 20 Min. **Menge** 4 Schalen

285 g frischer Gelbflossen-Thunfisch, in Frischhaltefolie gewickelt 1 Stunde eingefroren
240 ml **Hühnerbrühe**
180 ml **schnelle Schweinebrühe**
1 TL fein gehackter Ingwer
1 TL fein gehackter Knoblauch
1 EL Sake
2 EL Sojasauce
680 g frische **Ramen-Nudeln**
4 **marinierte weich gekochte Eier**, längs halbiert
150 g gegarter Mais
2 Frühlingszwiebeln, fein gehackt
2 EL Sesamsamen
45 g Noriblatt, in feine Streifen geschnitten
1 EL Bonitoflocken

1 Den Thunfisch aus dem Gefrierfach nehmen, auswickeln und mit einem sehr scharfen Messer in Würfel schneiden.

2 Hühnerbrühe und schnelle Schweinebrühe bei mittlerer Hitze in einem großen Topf zum Köcheln bringen.

3 Ingwer, Knoblauch, Sake und Sojasauce hinzugeben und weitere 15 Minuten köcheln lassen.

4 Die Ramen-Nudeln in einem großen Topf mit kochendem Wasser 50 Sekunden garen. Ab und zu umrühren. Abgießen, abspülen und auf vier Servierschalen verteilen.

5 Heiße Brühe hinzugießen, bis die Nudeln knapp bedeckt sind.

6 Marinierte Eier, Mais, Thunfisch und Frühlingszwiebeln auf den Nudeln anrichten. Mit Sesamsamen, Noriblattstreifen und Bonitoflocken bestreuen.

Gegarter Thunfisch: Gelbflossen-Thunfisch hat Sushi-Qualität und kann roh gegessen werden. Möchten Sie ihn lieber gegart, würzen Sie ihn und braten ihn dann in heißem Pflanzenöl.

SCHARFE THAI-CURRY-RAMEN

Diese Suppe vereint zwei köstliche Lebensmittel: Ramen-Nudeln und grüne Currypaste. Die Paste besteht aus einem Mix aus grünen Chilischoten, Galgant, Knoblauch, Zitronengras, Garnelenpaste, Limette, Koriander und Gewürzen. Das scharfe Rezept wird durch etwas Kokosmilch abgemildert. Auf nach Asien!

Zubereitung 20 Min. **Garzeit** 30 Min. **Menge** 4 Schalen

2 Hähnchenbrustfilets
1,4 l **Hühnerbrühe**
1 EL grüne Currypaste
2 EL Sojasauce
225 g frische Austernpilze oder Shiitakepilze, in Scheiben geschnitten
2–3 kleine, scharfe Chilischoten (am besten Bird's Eye), fein gehackt
2 TL Zucker
180 ml Kokosmilch
85 g fester Tofu, gewürfelt
1 EL Limettensaft
680 g frische **Ramen-Nudeln**
2 EL fein gehackter Koriander

1 Hähnchenbrustfilet in 2,5 cm große Würfel schneiden. Beiseitestellen.

2 Hühnerbrühe in einem großen Topf bei mittlerer Hitze zum Köcheln bringen.

3 Hähnchenwürfel, grüne Currypaste, Sojasauce, Pilze, Chilischoten und Zucker hinzugeben und 20 Minuten köcheln lassen.

4 Kokosmilch, Tofu und Limettensaft hinzufügen und weitere 5 Minuten köcheln.

5 Die Ramen-Nudeln in einem großen Topf mit kochendem Wasser 50 Sekunden garen. Ab und zu umrühren. Abgießen, abspülen und auf vier Servierschalen verteilen.

6 Heiße Brühe hinzugießen, bis die Nudeln knapp bedeckt sind.

7 Jeweils eine gleich große Menge Hähnchenbrust in die Servierschalen geben. Mit Koriander bestreut servieren.

SATÉ-RAMEN MIT ERDNUSSBUTTER

Diese von Hähnchen-Saté inspirierte Ramen-Suppe schmeckt nach Erdnussbutter und Curry.

Zubereitung 4 ½ Std. **Garzeit** 35 Min. **Menge** 4 Schalen

2 mittelgroße Hähnchenbrustfilets
4 EL + 1 ½ EL Sojasauce
2 Knoblauchzehen, fein gehackt
1 TL geriebener Ingwer
1 EL brauner Zucker
2 EL Limettensaft
1 TL + 1 EL Currypulver
1 EL Pflanzenöl
1 EL Knoblauch, fein gehackt
1 EL Ingwer, fein gehackt
1 EL Zucker
1,4 l **Hühnerbrühe**
150 g fein gehackte Tomaten
140 g Erdnussbutter
180 ml Kokosmilch
2 TL zerdrückte Chiliflocken
1 TL Meersalz
680 g frische **Ramen-Nudeln**
4 **marinierte weich gekochte Eier**
85 g gegarter Mais
1 rote Paprikaschote, in dünne Streifen geschnitten
45 g Koriander
4 Limettenspalten

Besondere Ausstattung:
8 Bambusspieße
Grill

1 Hähnchenbrust mit Küchenpapier trocken tupfen. Das Fleisch in etwa 7,5–12,5 cm lange und 2,5 cm breite Streifen schneiden.

2 Für die Marinade in einer großen Schüssel 4 EL Sojasauce, Knoblauch, geriebenen Ingwer, braunen Zucker, Limettensaft und 1 TL Currypulver mischen. Hähnchenstreifen in die Marinade legen. 2–4 Stunden kalt stellen.

3 Die Bambusspieße 20 Minuten in kaltem Wasser einweichen, damit sie während des Grillens nicht verbrennen.

4 Die Hähnchenstreifen aus der Marinade nehmen und auf die Bambusspieße stecken. Beiseitelegen.

5 Für die Brühe Öl in einem großen Topf erhitzen. Knoblauch, Ingwer, Zucker und 1 EL Currypulver zugeben und 1 Minute bei mittlerer Hitze unter ständigem Rühren braten.

6 Hühnerbrühe, Tomaten, Erdnussbutter, restliche 1½ EL Sojasauce, Kokosmilch, Chiliflocken und Salz zugeben und zum Kochen bringen. Bei schwacher Hitze 15 Minuten köcheln.

7 Die Hähnchenspieße etwa 5 Minuten von jeder Seite grillen (abhängig von der Dicke) und beiseitelegen.

8 Die Ramen-Nudeln in einem großen Topf mit kochendem Wasser 50 Sekunden garen. Ab und zu umrühren. Abgießen, abspülen und auf vier Servierschalen verteilen.

9 Heiße Brühe hinzugießen, bis die Nudeln knapp bedeckt sind.

10 Jeweils 2 Spieße auf jede Schale legen. Mit marinierten Eiern, Mais, Paprika und Koriander anrichten. Mit Limettenspalten servieren.

SARATANMEN-RAMEN MIT HUHN

Die süßsaure Brühe wärmt an einem kalten Tag richtig auf. Ursprünglich aus China stammend, enthält dieses Gericht einen Hauch chinesischen schwarzen Essig, was ihr ein fruchtiges Aroma verleiht.

Zubereitung 25 Min. **Garzeit** 30 Min. **Menge** 4 Schalen

1,4 l **Hühnerbrühe**
140 g Möhren, grob gehackt
½ Zwiebel, grob gehackt
1 Stück Ingwer (5 cm), in Scheiben geschnitten
4 Shiitakepilze, halbiert
2 EL Sojasauce
4 EL chinesischer schwarzer Essig oder Balsamico-Essig
1 EL Sake
1 TL Zucker
1 TL Meersalz
180 ml Ananassaft
2 TL Chilipaste
680 g frische **Ramen-Nudeln**
150 g Hähnchen, gegart und zerkleinert
45 g Bambussprossen
2 EL gehackter Koriander

1. Die Hühnerbrühe in einem großen Topf bei mittlerer Hitze zum Köcheln bringen.
2. Möhren, Zwiebel, Ingwer und Pilze hinzugeben und 20 Minuten köcheln lassen.
3. Sojasauce, Essig, Sake, Zucker, Salz und Ananassaft hinzugeben und 5 Minuten köcheln lassen. Abschmecken.
4. Die Brühe abseihen und zurück in den Topf geben. Die Pilze für die Garnitur aufbewahren. Restliche Zutaten wegwerfen.
5. Die Brühe bei mittlerer Hitze erneut zum Köcheln bringen. Chilipaste einrühren.
6. Die Ramen-Nudeln in einem großen Topf mit kochendem Wasser 50 Sekunden garen. Ab und zu umrühren. Abgießen, abspülen und auf vier Servierschalen verteilen.
7. Heiße Brühe hinzugießen, bis die Nudeln knapp bedeckt sind.
8. Jede Schale mit Hähnchen, Pilzen, Bambussprossen und Koriander anrichten.

EIERFLOCKEN-RAMEN MIT HUMMER

Diese einfache Suppe, die an die traditionelle chinesische Variante erinnert, erreicht durch die Zugabe von Hummer Gourmetstatus.

Zubereitung 15 Min. **Garzeit** 20 Min.
Menge 4 Schalen

1,4 l **Hühnerbrühe**
1 TL fein gehackter Ingwer
1 TL fein gehackter Knoblauch
1 EL Sake
6 Frühlingszwiebeln, fein gehackt (etwas Grün zum Garnieren beiseitelegen)
1 EL Fischsauce oder helle Sojasauce
2 TL Meersalz
2 Hummerschwänze (à 140 g)
2 Eier
2 EL Speisestärke, mit 120 ml kaltem Wasser angerührt
680 g frische **Ramen-Nudeln**
150 g gegarter Mais
4 Noriblätter

1 Die Hühnerbrühe in einem großen Topf bei mittlerer Hitze zum Köcheln bringen.

2 Ingwer, Knoblauch, Sake, Frühlingszwiebeln, Fischsauce oder Sojasauce und Salz hinzugeben und 5 Minuten köcheln lassen. Hummerschwänze mit in den Topf legen und 5 Minuten in der Brühe köcheln.

3 In der Zwischenzeit die Eier in einer Schüssel verschlagen und beiseitestellen.

4 Hummerschwänze aus der Brühe heben und in ein Eiswasserbad legen. Während der Hummer abkühlt, die angerührte Speisestärke zur Brühe geben.

5 Die Brühe aufkochen und unter Rühren nach und nach das aufgeschlagene Ei einrühren: Das Ganze wird sofort kochen. Die Temperatur auf schwache Hitze reduzieren.

6 Das Hummerfleisch lösen, in große Stücke schneiden und zurück in die Brühe geben.

7 Die Ramen-Nudeln in einem großen Topf mit kochendem Wasser 50 Sekunden garen. Ab und zu umrühren. Abgießen, abspülen und auf vier Servierschalen verteilen.

8 Heiße Brühe hinzugießen, bis die Nudeln knapp bedeckt sind.

9 Hummerfleisch und Mais gleichmäßig auf die Schalen aufteilen. An den Rand jeder Schale jeweils 1 Noriblatt legen und zur Hälfte in die Brühe tauchen.

MARSALA-RAMEN & HUHN

Die italienische und die japanische Küche haben ein Faible für Pasta. Weshalb also nicht einige Aromen kombinieren? Pilze und Marsalawein ergänzen sich und verleihen dieser Ramen-Suppe ein bisschen Bella Italia.

Zubereitung 15 Min. **Garzeit** 35 Min. **Menge** 4 Schalen

2 EL Butter
150 g frische Shiitakepilze, klein geschnitten
150 g frische Austernpilze, klein geschnitten
1 EL fein gehackter Knoblauch
2 EL fein gehackte Schalotten
1 EL fein gehackter Thymian
240 ml trockener Marsalawein
1 l **Hühnerbrühe**
500 ml **Tonkotsu-Schweinebrühe**
2 TL Meersalz
120 ml Zitronensaft
1 TL Zucker
680 g frische **Ramen-Nudeln**
4 **marinierte weich gekochte Eier**, längs halbiert
150 g gegartes Huhn, zerkleinert
2 EL fein gehackte Frühlingszwiebeln

1 Die Butter in einer großen Pfanne bei mittlerer Hitze zerlassen. Shiitake- und Austernpilze darin unter gelegentlichem Wenden braten.

2 Knoblauch, Schalotten und Thymian hinzugeben und 3 Minuten unter Rühren braten, bis jegliche Flüssigkeit verdampft ist.

3 Mit Marsalawein ablöschen und den Bratensatz vom Boden lösen. 5 Minuten köcheln, bis die Flüssigkeit um die Hälfte reduziert ist.

4 Hühnerbrühe und Schweinebrühe zugießen und bei hoher Temperatur zum Kochen bringen.

5 Die Temperatur auf schwache Hitze reduzieren Salz, Zitronensaft und Zucker zugeben. 10 Minuten köcheln lassen, abschmecken.

6 Die Ramen-Nudeln in einem großen Topf mit kochendem Wasser 50 Sekunden garen. Ab und zu umrühren. Abgießen, abspülen und auf vier Servierschalen verteilen.

7 Heiße Brühe hinzugießen, bis die Nudeln knapp bedeckt sind. Marinierte Eier, Hühnerfleisch und Frühlingszwiebeln jeweils auf den Nudeln anrichten.

REZEPTE MIT SCHWEINEBRÜHE

Aus Tonkotsu-Schweinebrühe oder aus der schnellen Schweinebrühe lassen sich Hunderte Ramen-Varianten zaubern. Ob Sie Tonkotsu-Brühe mit Bonitoflocken verkuppeln oder eine Rotes-Curry-Ramen zubereiten: Die Möglichkeiten sind schier endlos!

TONKOTSU-SCHWEINEBRÜHE

Schweinebrühe selbst zu kochen ist zwar sehr zeitaufwendig, aber es lohnt sich. Während des Kochens können Sie beobachten, wie die klare Brühe milchig weiß wird. Das liegt an dem Kollagen aus den Knochen, das in die Brühe gelangt. Die Brühe ist nicht gewürzt, so können Sie sie je nach Rezept abschmecken.

Zubereitung 45 Min. **Garzeit** 12 Std.
Menge 2–3 l

Zutaten:

- 4 Schweinefüße (vom Fleischer vierteln lassen)
- 2–4 geräucherte Hachsen (nach Belieben)
- 1 kg Knochen von Schweinekeulen
- 1 kg Hühnerknochen
- 450 g Schweinerückenfett
- 2 Zwiebeln, halbiert, Enden abgeschnitten
- 1 Stück ungeschälter Ingwer (7,5 cm)
- 4 Stangen Lauch, geputzt, gehackt
- 2 große Möhren, grob gehackt (schälen nicht erforderlich)
- 85 g Knoblauch, zerdrückt
- 3 Bund Frühlingszwiebeln (ca. 15–20 Stangen), geputzt
- 2 Äpfel (am besten Granny Smith), geviertelt

Besondere Ausstattung:

großes Sieb und Seihtuch
Stäbchen oder Messer
Schaumlöffel

1 Schweinefüße, nach Belieben die geräucherten Hachsen, Schweine- und Hühnerknochen sowie Schweinerückenfett in einen großen Topf legen und mit Wasser bedecken. Mindestens 1 Stunde ruhen lassen, damit Blut und Verunreinigungen austreten können.

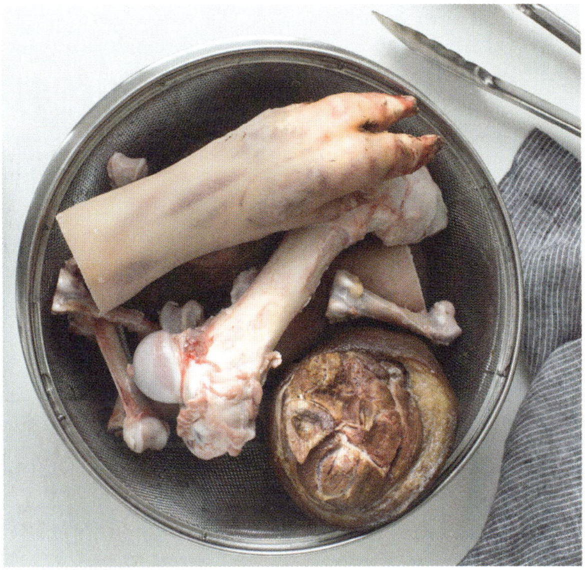

2 Die Knochen in ein großes Sieb abgießen. Zurück in den Topf legen und diesen mit so viel frischem Wasser auffüllen, dass die Knochen bedeckt sind.

3 Den Topf bei starker Hitze zum Kochen bringen. Kurz bevor das Wasser kocht die Knochen ein zweites Mal in ein Sieb abgießen. Jeden Knochen unter fließendem Wasser abspülen, um alle Unreinheiten und Blutreste zu entfernen. Dabei ein Messer zu Hilfe nehmen.

4 Knochen in den Topf legen und 4 l Wasser zugießen. Die Knochen sollten vollständig im Wasser liegen. Topf zum Kochen bringen. Den aufsteigenden Schaum mindestens 30 Minuten lang abschöpfen. Einen Deckel auf den Topf legen und das Ganze 6 Stunden kochen.

5 In einer großen Pfanne ohne Fett bei starker Hitze Zwiebeln und Ingwer mit der Schnittseite nach unten scharf anbraten.

Fortsetzung

6 Zwiebeln und Ingwer, Lauch, Möhren, Knoblauch, Frühlingszwiebeln und Apfelviertel in die Brühe legen. 5 Stunden sprudelnd köcheln lassen. Die Knochen alle 45 Minuten umrühren, damit sie nicht braun werden.

7 Die Brühe durch ein feinmaschiges Sieb abseihen oder ein Sieb mit einem Seihtuch auslegen und die Brühe abgießen. Alle festen Bestandteile entfernen. Die Brühe ist sofort verzehrfertig.

Aufbewahrung: Brühe abkühlen lassen, in einen verschließbaren Behälter füllen. im Kühlschrank hält sie sich 1 Woche, im Gefrierschrank bis zu 6 Monate.

Schweinebrühe

SCHNELLE SCHWEINEBRÜHE

Diese Brühe ist klar und leicht, liefert dennoch ein feines Aroma, das nach Schwein schmeckt. Auch diese Brühe wird nicht gewürzt. So haben Sie die Möglichkeit, sie je nach Rezept zu würzen und abzuschmecken.

Zubereitung 20 Min. **Garzeit** 2½ Std. **Menge** 2–3 l

Zutaten:

1,5 kg Schweineknochen
2 Zwiebeln, grob gehackt
1 Stück Ingwer (5 cm), in Scheiben geschnitten
2 große Möhren, grob gehackt
85 g Knoblauch, zerdrückt
1 Bund Frühlingszwiebeln (ca. 5–10 Stangen), grob gehackt
2 säuerliche Äpfel (am besten Granny Smith), geviertelt

Besondere Ausstattung:

großes Sieb
Schaumlöffel

1. Schweineknochen in einen großen Topf legen und mit kaltem Wasser bedecken. Bei starker Hitze aufkochen. Kurz bevor das Wasser kocht, die Knochen in ein Sieb geben und abspülen. Wieder in den Topf legen und mindestens 2 l frisches Wasser zugeben.

2. In einer Pfanne ohne Fett bei starker Hitze Zwiebeln und Ingwer scharf anbraten. Sobald sie kräftig gebräunt sind mit Möhren, Knoblauch, Frühlingszwiebeln und Apfelviertel in den Topf geben.

3. Bei starker Hitze zum Kochen bringen. Temperatur reduzieren und 2 Stunden köcheln lassen.

4. Brühe durch ein Sieb abseihen und die festen Bestandteile entfernen. Die Brühe kann sofort verwendet werden.

Aufbewahrung: Die Brühe genauso aufbewahren wie die lang kochende Variante. Zum Einfrieren einen Eiswürfelbehälter verwenden oder die Brühe in 250-ml-Portionen einfrieren. So ist sie leicht einsetzbar.

Schnelle Schweinebrühe

BARBECUE-TSUKEMEN

Inspiriert von traditionellen amerikanischen Barbecues: Diese Ramen-Suppe zum Dippen hat ein rauchiges Barbecue-Aroma und wird mit zwei typischen Toppings serviert – Mais und Braunem Senf.

Zubereitung 15 Min. **Garzeit** 25 Min. **Menge** 4 Schalen

680 g frische **Ramen-Nudeln**
750 ml **schnelle Schweinebrühe**
1 ½ EL Mirin
3 EL Sojasauce
4 EL Barbecuesauce
1 ½ TL chinesischer schwarzer Essig oder Balsamico-Essig
¾ TL zerdrückte Chiliflocken
4 Frühlingszwiebeln, fein gehackt
2 TL Meersalz
1 EL Zitronensaft
1 Bund Brauner Senf (etwa 5 Stiele), entstielt, gehackt
1 EL Pflanzenöl
12 Scheiben **Chashu-Schweinebauch**
4 **marinierte weich gekochte Eier**, längs halbiert
150 g gegarter Mais
85 g **Menma**

Besondere Ausstattung:

12 Servierschalen oder 8 Servierschalen und 4 Bambusmatten

1 Die Ramen-Nudeln in einem großen Topf mit kochendem Wasser 50 Sekunden garen. Ab und zu umrühren. Abgießen, abspülen und auf vier Servierschalen verteilen.

2 Die Schweinebrühe bei mittlerer Hitze zum Köcheln bringen. Mirin, Sojasauce, Barbecuesauce, Essig, Chiliflocken und Frühlingszwiebeln hinzufügen und 10 Minuten köcheln.

3 1,2 l Wasser mit 1 TL Salz und Zitronensaft zum Kochen bringen. Braunen Senf zugeben und 5 Minuten kochen. Abgießen und beiseitestellen.

4 Das Öl in einer Pfanne erhitzen. Restliches Salz auf den Chashu-Schweinebauch streuen und das Fleisch von beiden Seiten 2 Minuten bei mittlerer Hitze kräftig braten. Aus der Pfanne nehmen und beiseitestellen.

5 Brühe in vier tiefe Servierschalen füllen. Chashu-Schweinebauch, marinierte Eier, Mais, Braunen Senf und Menma in weiteren vier Servierschalen oder auf Bambusmatten anrichten.

6 Jedem Gast eine Schale Brühe, eine Schale Nudeln und eine Schale mit Garnitur servieren.

SCHARFE MISO-SCHWEINE-RAMEN

Die herzhafte Suppe schmeckt umami und besticht durch Schweinehack, scharfe rote Misopaste und Chiliflocken. Chilibohnenpaste – eine mittelscharfe Mischung aus schwarzen Bohnen, Chilischoten, Essig und Sesamöl – verleiht dem Gericht Würze und ergänzt das Schweinearoma.

Zubereitung 15 Min. **Garzeit** 25 Min.
Menge 4 Schalen

1,4 l **schnelle Schweinebrühe**
3 EL Chilibohnenpaste
2 TL Reisweinessig
1 EL Zucker
3 EL rote Misopaste
2 EL Pflanzenöl
1 EL fein gehackter Knoblauch
225 g Schweinehack
2 EL Sojasauce
1 TL zerdrückte Chiliflocken
680 g frische **Ramen-Nudeln**
4 **marinierte weich gekochte Eier**, längs halbiert
85 g gegarter Mais
2 Frühlingszwiebeln, fein gehackt
2 TL **geröstetes Knoblauchöl**
4 Noriblätter

1. Die schnelle Schweinebrühe in einem großen Topf bei mittlerer Hitze zum Köcheln bringen.
2. Chilibohnenpaste, Essig, Zucker und rote Misopaste hinzugeben und 10 Minuten köcheln.
3. In der Zwischenzeit eine große Pfanne erhitzen, das Öl zugeben.
4. Knoblauch und Hack bei mittlerer Hitze in der Pfanne braten, bis das Hack zu bräunen beginnt, das dauert etwa 3–5 Minuten.
5. Sojasauce und Chiliflocken hinzufügen und weitere 3 Minuten braten, bis das Fleisch durchgegart ist. Vom Herd nehmen und beiseitestellen.
6. Die Ramen-Nudeln in einem großen Topf mit kochendem Wasser 50 Sekunden garen. Ab und zu umrühren. Abgießen, abspülen und auf vier Servierschalen verteilen.
7. Heiße Brühe hinzugießen, bis die Nudeln knapp bedeckt sind.
8. Mit Schweinehack, marinierten Eiern, Mais und Frühlingszwiebeln an den Nudeln anrichten.
9. Mit dem Knoblauchöl beträufeln. An den Rand jeder Schale jeweils 1 Noriblatt legen und zur Hälfte in die Brühe tauchen.

BONITO-RAMEN MIT BAUCH

In der japanischen Küche gehören Bonitoflocken zu den Grundnahrungsmitteln. Dieser Ramen-Suppe verleihen sie ein würziges, salziges Aroma. Diese Land-und-Meer-Kombination aus Bonito und Schwein ist einfach und köstlich zugleich.

Zubereitung 20 Min. **Garzeit** 20 Min. **Menge** 4 Schalen

1,4 l **Tonkotsu-Schweinebrühe**
4 TL Sojasauce
2 TL Meersalz
1 EL Mirin
1 EL Sake
30 g Bonitoflocken
1 EL Pflanzenöl
8 Scheiben **Chashu-Schweinebauch**
680 g frische **Ramen-Nudeln**
85 g Radieschen, in dünne Scheiben gehobelt
85 g Shimejipilze oder Weiße Buchenpilze, geputzt
45 g Frühlingszwiebelgrün, fein geschnitten
4 Noriblätter

1 Die Tonkotsu-Schweinebrühe in einem großen Topf bei mittlerer Hitze zum Köcheln bringen.

2 Sojasauce, 1 TL Salz, Mirin, Sake und Bonitoflocken hinzugeben und 10 Minuten köcheln lassen.

3 In der Zwischenzeit das Öl in einer großen Pfanne erhitzen. Den Chashu-Schweinebauch mit dem restlichen Salz bestreuen, dann die Scheiben von beiden Seiten 2 Minuten bei mittlerer Hitze kräftig braten. Aus der Pfanne nehmen und beiseitelegen.

4 Die Ramen-Nudeln in einem großen Topf mit kochendem Wasser 50 Sekunden garen. Ab und zu umrühren. Abgießen, abspülen und auf vier Servierschalen verteilen.

5 Die Brühe durch ein Sieb abseihen, Bonitoflocken entfernen. So viel heiße Brühe in die Servierschalen füllen, bis die Nudeln knapp bedeckt sind.

6 Chashu-Schweinebauch, Radieschen, Pilze und Frühlingszwiebeln auf den Nudeln anrichten. An den Rand jeder Schale jeweils 1 Noriblatt legen und zur Hälfte in die Brühe tauchen.

TONKOTSU-RAMEN

Eine der bekanntesten und beliebtesten Ramen-Suppen: Tonkotsu hat Körper und Komplexität. Die Suppe macht rundum zufrieden.

Zubereitung 20 Min. **Garzeit** 15 Min. **Menge** 4 Schalen

1,4 l **Tonkotsu-Schweinebrühe**
1 EL Sake
2 ½ TL Meersalz
½ TL Chili-Knoblauch-Sauce (z. B. Sriracha)
2 TL Mirin
½ TL Zucker
1 EL Pflanzenöl
8 Scheiben **Chashu-Schweinebauch**
680 g frische **Ramen-Nudeln**
4 **marinierte weich gekochte Eier**, längs halbiert
4 Scheiben Narutomaki (Fischkuchen)
45 g Frühlingszwiebeln, fein gehackt
4 Noriblätter

1 Die Tonkotsu-Schweinebrühe in einem großen Topf bei mittlerer Hitze zum Köcheln bringen.

2 Sake, 2 TL Salz, Chili-Knoblauch-Sauce, Mirin und Zucker hinzugeben. 10 Minuten köcheln lassen. (Tipp: Nach Belieben können Sie die Schmorflüssigkeit des Chashu-Schweinebauchs zum Würzen verwenden. Jeweils 2 EL hinzugeben, bis der gewünschte Geschmack erreicht und die Ramen salzig genug ist.)

3 Während die Brühe köchelt, eine große beschichtete Pfanne erhitzen. Öl zugeben.

4 Die Bauchscheiben mit dem restlichen Salz bestreuen und in die Pfanne legen.

5 Die Scheiben von beiden Seiten bei starker Hitze je 2 Minuten knusprig braun braten. Beiseitelegen.

6 Die Ramen-Nudeln in einem großen Topf mit kochendem Wasser 50 Sekunden garen. Ab und zu umrühren. Abgießen, abspülen und auf vier Servierschalen verteilen.

7 Heiße Brühe hinzugießen, bis die Nudeln knapp bedeckt sind.

8 Chashu-Schweinebauchscheiben, marinierte Eier, Narutomaki und Frühlingszwiebeln anrichten. An den Rand jeder Schale jeweils 1 Noriblatt legen und zur Hälfte in die Brühe tauchen.

SCHWEINE-SHIO-RAMEN

Die Suppe ist leichter als die Tonkotsu-Ramen, sie wird mit der schnellen Schweinebrühe zubereitet. Durch die Zugabe von Hühnerbrühe wird das Geschmacksprofil der Suppe komplexer.

Zubereitung 20 Min. **Garzeit** 20 Min. **Menge** 4 Schalen

1 l **schnelle Schweinebrühe**
500 ml **Hühnerbrühe**
3 EL helle Sojasauce
1 EL Meersalz
3 EL Mirin
2 TL Zucker
1 TL Reisweinessig
140 g frische Shiitakepilze, in Scheiben geschnitten
680 g frische **Ramen-Nudeln**
85 g eingelegter Rettich
8 Scheiben **Chashu-Schweinerücken**
4 **marinierte weich gekochte Eier**, längs halbiert
85 g Frühlingszwiebeln, fein gehackt
4 Noriblätter

1. Schnelle Schweinebrühe und Hühnerbrühe in einen großen Topf geben und bei mittlerer Hitze zum Köcheln bringen.
2. Sojasauce, Salz, Mirin, Zucker, Essig und Pilze hinzugeben und 15 Minuten köcheln lassen.
3. Die Ramen-Nudeln in einem großen Topf mit kochendem Wasser 50 Sekunden garen. Ab und zu umrühren. Abgießen, abspülen und auf vier Servierschalen verteilen.
4. Heiße Brühe hinzugießen, bis die Nudeln knapp bedeckt sind.
5. Eingelegten Rettich, Chashu-Schweinerücken, marinierte Eier und Frühlingszwiebeln auf den Nudeln anrichten. An den Rand jeder Schale jeweils 1 Noriblatt legen und zur Hälfte in die Brühe tauchen.

KUBANISCHE RAMEN

Diese Suppe erinnert an den Geschmack eines beliebten kubanischen Sandwiches, das Schweinefleisch, Emmentaler und eingelegtes Gemüse kombiniert. Die Zugabe von Dijonsenf, der gut zum Fleisch passt, gibt der Suppe den gewissen Kick.

Zubereitung 20 Min. **Garzeit** 15 Min. **Menge** 4 Schalen

- 1,4 l **Tonkotsu-Schweinebrühe**
- 2½ EL Dijonsenf
- 2½ EL Sojasauce
- 1½ EL Mirin
- 680 g frische **Ramen-Nudeln**
- 8 dünne Scheiben **Chashu-Schweinerücken**
- 140 g eingelegtes Gemüse
- 45 g Frühlingszwiebelgrün, fein geschnitten
- 85 g Emmentaler, gerieben

1. Die Tonkotsu-Brühe in einem großen Topf bei mittlerer Hitze zum Köcheln bringen.
2. Dijonsenf, Sojasauce und Mirin hinzugeben und 5 Minuten köcheln.
3. Die Ramen-Nudeln in einem großen Topf mit kochendem Wasser 50 Sekunden garen. Ab und zu umrühren. Abgießen, abspülen und auf vier Servierschalen verteilen.
4. Heiße Brühe hinzugießen, bis die Nudeln knapp bedeckt sind.
5. Chashu-Schweinerücken, eingelegtes Gemüse, Frühlingszwiebeln und Käse jeweils auf den Nudeln anrichten.

SCHWEINE-RAMEN MIT CHINESISCHER WURST & KAMMMUSCHELN

Eine herzhafte Ramen-Suppe voller Geschmack. Chinesische Wurst schmeckt leicht süßlich und passt zu den milden, zarten Kammmuscheln.

Zubereitung 20 Min. **Garzeit** 20 Min. **Menge** 4 Schalen

1 EL Pflanzenöl
1 EL fein gehackte Schalotten
350 g chinesische Wurst, in 5 mm dicken Scheiben geschnitten
1 EL fein gehackter Knoblauch
1 l **schnelle Schweinebrühe**
500 ml **Hühnerbrühe**
1 ½ EL Sojasauce
2 TL Sake
2 TL chinesischer schwarzer Essig oder Balsamico-Essig
2 TL Zucker
1 TL Meersalz
175 g frische Maitakepilze, in Scheiben geschnitten
285 g Kammmuscheln
175 g Spinat
680 g frische **Ramen-Nudeln**
85 g Frühlingszwiebeln, fein gehackt
4 Noriblätter

1 Das Öl in einem großen Topf erhitzen. Schalotten hinzugeben und bei mittlerer Hitze 1 Minute braten.

2 Chinesische Wurst hinzufügen und 2 Minuten mitbraten. Knoblauch hinzufügen und 1 weitere Minute braten.

3 Schnelle Schweinebrühe, Hühnerbrühe, Sojasauce, Sake, Essig, Zucker, Salz und Pilze zugeben und 10 Minuten köcheln lassen.

4 Kammmuscheln und Spinat in den Topf geben und 2 Minuten köcheln bzw. so lange, bis die Muscheln gar sind.

5 Die Ramen-Nudeln in einem großen Topf mit kochendem Wasser 50 Sekunden garen. Ab und zu umrühren. Abgießen, abspülen und auf vier Servierschalen verteilen.

6 Heiße Brühe hinzugießen, bis die Nudeln knapp bedeckt sind.

7 Kammmuscheln gleichmäßig auf die vier Servierschalen verteilen. Frühlingszwiebeln daraufstreuen. An den Rand jeder Schale jeweils 1 Noriblatt legen und zur Hälfte in die Brühe tauchen.

SCHARFE GEKiKARA-RAMEN

Eine scharfe Ramen-Suppe, die mit Chili-Knoblauch-Sauce und Chiliflocken gewürzt wird. Gedünsteter Lauch mildert die Schärfe ein wenig ab und liefert zudem zusätzliche Textur.

Zubereitung 15 Min. **Garzeit** 35 Min. **Menge** 4 Schalen

6 Stangen junger Lauch
1 EL Pflanzenöl
1 EL Butter
1 TL Meersalz
1,4 l **Tonkotsu-Schweinebrühe**
1 EL Sake
1 EL Chili-Knoblauch-Sauce (z. B. Sriracha)
1 TL zerdrückte Chiliflocken
680 g frische **Ramen-Nudeln**
4 **marinierte weich gekochte Eier**, längs halbiert
175 g gegarter Mais
85 g Frühlingszwiebeln, fein gehackt
45 g geröstete Sesamsamen

1 Den Lauch in dünne Ringe schneiden (nur den weißen und hellgrünen Teil verwenden). Gründlich waschen und in einem Sieb abtropfen lassen.

2 Öl und Butter in einem großen Topf bei mittlerer Hitze erwärmen.

3 Lauch und Salz in die Pfanne geben und den Lauch unter häufigem Rühren 20 Minuten dünsten.

4 Tonkotsu-Brühe, Sake, Chili-Knoblauch-Sauce und Chiliflocken hinzufügen und 10 Minuten köcheln lassen. Nach Belieben noch etwas nachwürzen.

5 Die Ramen-Nudeln in einem großen Topf mit kochendem Wasser 50 Sekunden garen. Ab und zu umrühren. Abgießen, abspülen und auf vier Servierschalen verteilen.

6 Heiße Brühe hinzugießen, bis die Nudeln knapp bedeckt sind.

7 Marinierte Eier, Mais und Frühlingszwiebeln auf den Nudeln anrichten und mit gerösteten Sesamsamen bestreut servieren.

ROTES-CURRY-RAMEN

Diese duftende Curry-Ramen-Suppe wird mit roter Currypaste und indischem Currypulver gewürzt. Limettensaft betont das Curryaroma, und Fischsauce verleiht dieser Suppe weitere Tiefe.

Zubereitung 15 Min. **Garzeit** 15 Min.
Menge 4 Schalen

- 1 EL Pflanzenöl
- 1 EL geriebener Ingwer
- 1 EL zerdrückter Knoblauch
- 3 EL rote Thai-Currypaste
- 2 TL mittelscharfes Currypulver
- 1,4 l **schnelle Schweinebrühe**
- 1 ½ EL Fischsauce
- 400 ml Kokosmilch
- 1 ½ EL brauner Zucker
- 1 ½ TL Meersalz
- 2 EL Limettensaft
- 175 g Spinat
- 680 g frische **Ramen-Nudeln**
- 285 g **Chashu-Schweinerücken**, in dünne Scheiben geschnitten
- 45 g Frühlingszwiebeln, fein gehackt
- 45 g Koriander, grob gehackt
- 4 Limettenspalten

1. Das Öl in einem großen Topf erhitzen. Ingwer, Knoblauch, Currypaste und Currypulver hinzugeben und bei mittlerer Hitze unter Rühren 1 Minute anbraten.
2. Schnelle Schweinebrühe zugießen und 5 Minuten köcheln lassen.
3. Fischsauce, Kokosmilch, Zucker, Salz und Limettensaft in den Topf geben und bei schwacher Hitze 5 Minuten köcheln. Abschmecken und nach Belieben nachwürzen.
4. Den Spinat auf vier Servierschalen verteilen.
5. Die Ramen-Nudeln in einem großen Topf mit kochendem Wasser 50 Sekunden garen. Ab und zu umrühren. Abgießen, abspülen und auf die vier Servierschalen verteilen.
6. Heiße Brühe hinzugießen, bis die Nudeln knapp bedeckt sind.
7. Chashu-Schweinerücken und Frühlingszwiebeln auf den Nudeln anrichten. Mit Koriander bestreuen und mit Limettenspalten servieren.

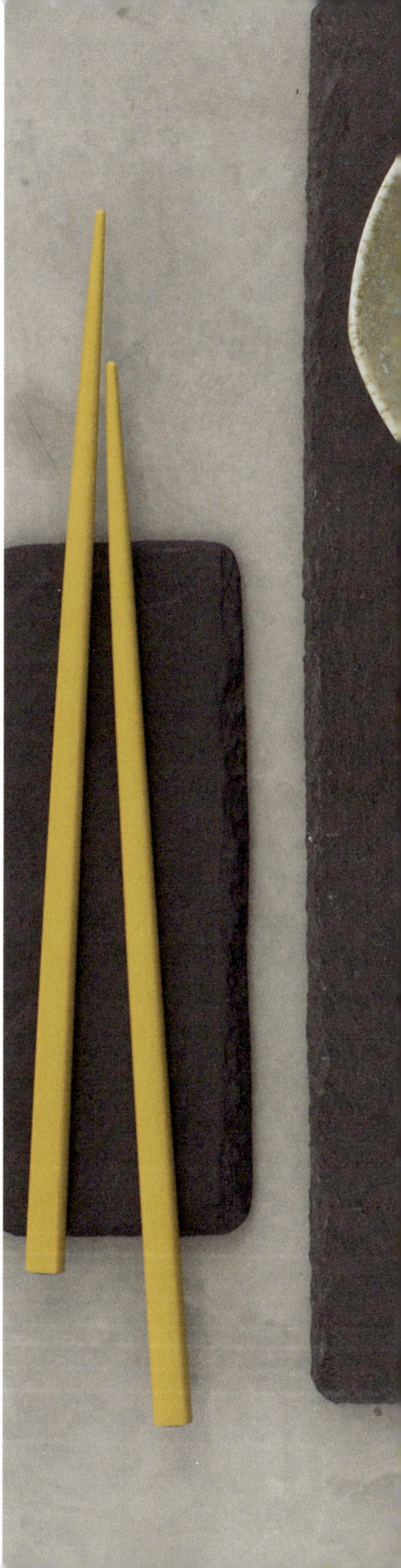

REZEPTE MIT GEMÜSEBRÜHE

Auch für Vegetarier sind Ramen-Suppen ein Genuss! Eine leichte und frische Gemüsebrühe ist eine herrliche Grundlage für eine Vielzahl fleischfreier Ramen-Gerichte, etwa Tomaten-Miso, Curry-Ramen und Mais-Chowder.

GEMÜSEBRÜHE

Gemüsebrühe ist leicht, duftet angenehm und ist eine gute Alternative zu Fleischbrühe. Zu Gemüsebrühen passen Miso, Pilze, Tomaten und Mais. Röstet man Zwiebel und Ingwer, verstärkt sich das Geschmacksprofil. Das Rösten geht über einer offenen Flamme oder in einer Pfanne ohne Fett bei hoher Temperatur.

Zubereitung 15 Min. – über Nacht **Garzeit** 45 Min.
Menge 1,4–1,7 l

Zutaten:

2 EL Pflanzenöl
1 große Zwiebel, grob gehackt
2 Selleriestangen, grob gehackt
1 Stück Ingwer (5 cm), in Scheiben geschnitten
2 Stangen Lauch, in Scheiben geschnitten und gewaschen
2 große Möhren, grob gehackt (schälen nicht erforderlich)
85 g Knoblauch, fein gehackt
175 g Champignons, grob gehackt
1 Bund Frühlingszwiebeln (6–8 Stangen), grob gehackt

1 Das Öl in einem großen Topf erhitzen. Zwiebel, Sellerie, Ingwer, Lauch, Möhren und Knoblauch hinzufügen.

2 Das Gemüse unter ständigem Rühren bei mittlerer Hitze 10 Minuten dünsten.

3 2 l Wasser zugießen und bei hoher Hitze aufkochen. Champignons und Frühlingszwiebeln hinzugeben und das Ganze bei schwacher Hitze 30 Minuten köcheln lassen.

4 Auf Zimmertemperatur abkühlen lassen oder über Nacht in den Kühlschrank stellen, damit die Aromen sich voll entfalten können. Brühe abseihen und die festen Bestandteile entfernen.

Aufbewahrung: Brühe abkühlen lassen, dann in einen verschließbaren Behälter füllen. im Kühlschrank hält sich die Brühe 1 Woche. Sie können die Brühe 6 Monate einfrieren, z. B. in Eiswürfelbehältern oder in 250-ml-Portionen.

Gemüsebrühe

VEGETARISCHE MISO-PILZ-RAMEN

Die leichte Miso-Ramen-Suppe wird vor allem Pilzliebhabern gefallen, denn sie enthält drei verschiedene Pilzsorten. Diese liefern ein erdiges Aroma, das besonders gut mit Miso und Tofu harmoniert.

Zubereitung 10 Min. **Garzeit** 30 Min. **Menge** 4 Schalen

1,4 l **Gemüsebrühe**

85 g Austernpilze, in Scheiben

85 g Shiitakepilze, in Scheiben

8 Frühlingszwiebeln, fein gehackt (etwas Grün für die Garnitur beiseitelegen)

4 EL vegetarische helle Misopaste

175 g fester Tofu, gewürfelt

85 g junger Spinat

680 g frische **Ramen-Nudeln**

175 g frische Enokipilze, geputzt

4 Noriblätter, in Streifen geschnitten

1. Die Gemüsebrühe in einem großen Topf bei mittlerer Hitze zum Köcheln bringen.
2. Austern- und Shiitakepilze und Frühlingszwiebeln hinzufügen und 20 Minuten köcheln lassen.
3. Misopaste, Tofu und Spinat hinzugeben und 5 Minuten köcheln lassen.
4. In der Zwischenzeit die Ramen-Nudeln in einem großen Topf mit kochendem Wasser 50 Sekunden garen. Ab und zu umrühren. Abgießen, abspülen und auf vier Servierschalen verteilen.
5. Heiße Brühe hinzugießen, bis die Nudeln knapp bedeckt sind.
6. Mit Enokipilzen und Noriblattstreifen anrichten.

GEMÜSE-RAMEN TOM YUM

Tom Yum stammt aus Thailand. Mit ihrer leichten, cremigen Textur und dem Zitrusaroma, ist diese Suppe erfrischend und geschmacklich wohl ausbalanciert. Servieren Sie diese Suppe im Sommer mit einem kühlen Getränk.

Zubereitung 25 Min. **Garzeit** 40 Min. **Menge** 4 Schalen

1,4 l **Gemüsebrühe**
4 Knoblauchzehen, fein gehackt
1 Stück Galgant oder Ingwer (5 cm), in Scheiben geschnitten
2 Stiele Zitronengras, geschält, in 7,5 cm große Stücke geschnitten
3 Kaffirlimettenblätter
2 TL Thai-Chili-Knoblauch-Paste (Tom-Yum-Paste)
1 TL Meersalz
1 ½ TL Zucker
2 EL helle Sojasauce
Saft von 1 Limette
175 g Austernpilze, geputzt
8 Kirschtomaten
175 g fester Tofu, gewürfelt
120 ml Kokosmilch
680 g frische **Ramen-Nudeln**
45 g Frühlingszwiebeln, fein gehackt
45 g Koriander, grob gehackt
1 Limette, geviertelt

1 Die Gemüsebrühe in einem großen Topf bei mittlerer Hitze zum Köcheln bringen.

2 Knoblauch, Galgant oder Ingwer, Zitronengras und Kaffirlimettenblätter hinzugeben. Zugedeckt 30 Minuten köcheln lassen. Die Brühe abseihen, die festen Bestandteile entfernen.

3 Die Brühe zurück in den Topf geben, erneut zum Köcheln bringen und Chili-Knoblauch-Paste, Salz, Zucker, Sojasauce, Limettensaft (zum Abschmecken), Austernpilze, Tomaten, Tofu und Kokosmilch hinzufügen. 5 Minuten köcheln lassen.

4 In der Zwischenzeit die Ramen-Nudeln in einem großen Topf mit kochendem Wasser 50 Sekunden garen. Ab und zu umrühren. Abgießen, abspülen und auf vier Servierschalen verteilen.

5 Heiße Brühe hinzugießen, bis die Nudeln knapp bedeckt sind. Mit Frühlingszwiebeln und Koriander garnieren und mit Limettenviertel servieren.

VEGETARISCHE TOMATEN-MISO-RAMEN

Diese Ramen-Suppe ist genauso köstlich wie eine Tomatensuppe. Zusätzliche Tiefe bekommt sie durch salzige Misopaste und schmackhafte Ramen-Nudeln.

Zubereitung 20 Min. **Garzeit** 15 Min. **Menge** 4 Schalen

1,4 l **Gemüsebrühe**
6 Tomaten, Haut und Kerne entfernt
1 EL Tomatenmark
1 EL Zucker
1 EL helle Sojasauce
3 EL vegetarische rote Misopaste
2 TL fermentierte Chilibohnenpaste
680 g frische **Ramen-Nudeln**
45 g Frühlingszwiebeln, fein gehackt
1 Limette, geviertelt

1. Gemüsebrühe in einem großen Topf bei mittlerer Hitze zum Köcheln bringen.
2. Tomaten in mundgerechte Stücke schneiden und mit in den Topf geben.
3. Tomatenmark, Zucker und Sojasauce hinzugeben und 5 Minuten köcheln lassen.
4. Rote Misopaste und Chilibohnenpaste einrühren und weitere 5 Minuten köcheln.
5. In der Zwischenzeit die Ramen-Nudeln in einem großen Topf mit kochendem Wasser 50 Sekunden garen. Ab und zu umrühren. Abgießen, abspülen und auf vier Servierschalen verteilen.
6. Heiße Brühe hinzugießen, bis die Nudeln knapp bedeckt sind.
7. Jede Schale mit Frühlingszwiebeln garnieren und je 1 Limettenviertel servieren.

KOKOS-CURRY-RAMEN MIT TOFU

Cremigkeit und Schärfe von Kokosmilch und Currypulver ergänzen sich wunderbar. Der Limettensaft sorgt dafür, dass sich die Würze des Currys harmonisch in das Ganze einbindet, und Koriander verleiht dieser Ramen-Suppe ein frisches Aroma.

Zubereitung 20 Min. **Garzeit** 15 Min. **Menge** 4 Schalen

1,4 l **Gemüsebrühe**
120 ml Kokosmilch
1 TL geriebener Ingwer
1 TL Meersalz
2 TL Currypulver
8 Champignons, in dünne Scheiben geschnitten
1 TL zerdrückte Chiliflocken
2½ EL Mirin
1 EL helle Sojasauce
1 TL Zucker
175 g Tofu, gewürfelt
85 g junger Spinat
1½ EL Limettensaft
680 g frische **Ramen-Nudeln**
4 **marinierte weich gekochte Eier**, längs halbiert
45 g Frühlingszwiebeln, fein gehackt
45 g Koriander, grob gehackt

1 Die Gemüsebrühe in einem großen Topf bei mittlerer Hitze zum Köcheln bringen.

2 Kokosmilch, Ingwer, Salz, Currypulver, Champignons, Chiliflocken, Mirin, Sojasauce und Zucker hinzufügen und 5 Minuten köcheln lassen.

3 Tofu, Spinat und Limettensaft in den Topf geben und weitere 5 Minuten köcheln.

4 In der Zwischenzeit die Ramen-Nudeln in einem großen Topf mit kochendem Wasser 50 Sekunden garen. Ab und zu umrühren. Abgießen, abspülen und auf vier Servierschalen verteilen.

5 Heiße Brühe hinzugießen, bis die Nudeln knapp bedeckt sind.

6 Jede Schale mit marinierten Eiern, Frühlingszwiebeln und Koriander garnieren.

TOFU EINFACH SELBST MACHEN

Tofu, allgemein als gesundes Lebensmittel angesehen, ist in der vegetarischen und japanischen Küche ein Grundnahrungsmittel. Es gibt ihn in vielen Sorten: seidig, weich, fest und extra fest. Er wird aus reifen, getrockneten Sojabohnen hergestellt (bekannt als Daizu) und aus Nigari, das als Gerinnungsmittel fungiert. Wenn Sie zu Ihrer Kokos-Curry-Ramen frischen, festen Tofu geben möchten, befolgen Sie einfach die folgenden Schritte.

Zubereitung 13 Std. **Garzeit** 20 Min. **Menge** 400 g

200 g getrocknete Sojabohnen
2 TL Nigari oder gereinigtes Magnesiumchlorid (Apotheke)

Besondere Ausstattung:
Küchenmaschine
Sieb
Baumwolltücher
großer Topf
Thermometer
Suppenkelle
Gewicht zum Beschweren (ca. 700 g), z. B. ein Teller

1 Die getrockneten Bohnen in eine Schüssel geben, 1 l Wasser hinzugeben, und die Bohnen 8–12 Stunden einweichen.

2 Sojabohnen und Einweichwasser in der Küchenmaschine in etwa 2 Minuten fein mahlen.

3 Bei mittlerer Hitze 1,2 l Wasser aufkochen. Gemahlene Sojabohnen zugeben und unter Rühren (mit einem Holzlöffel) zum Kochen bringen. Kurz bevor die Mischung kocht, die Temperatur auf schwache Hitze herunterschalten und unter Rühren weitere 8 Minuten köcheln lassen.

4 Ein Sieb mit einem Baumwolltuch auslegen und auf einen großen Topf setzen. Die Sojabohnen-Mischung abseihen, feste Bestandteile entfernen.

5 Die abgeseihte Sojamilch bei schwacher Hitze erwärmen, die ganze Zeit mit einem Holzlöffel rühren. Sobald die Temperatur 66–68 °C erreicht hat, den Topf vom Herd nehmen.

6 Nigari oder Magnesiumchlorid in einer kleinen Schüssel in 6 EL lauwarmem Wasser auflösen.

7 Die Hälfte der Nigari-Mischung zur Sojamilch geben und mit dem Holzlöffel so verrühren, dass sich ein Strudel bildet. Dann restliche Nigari-Mischung einrühren, diesmal so, als würde man Achten malen. Die Sojamilch beginnt jetzt zu gerinnen. Den Deckel auf den Topf legen und das Ganze 15 Minuten ruhen lassen.

8 Ein Sieb mit einem neuen Baumwolltuch auslegen und auf eine Schüssel setzen. Mit der Suppenkelle die geronnene Milch vorsichtig in das Sieb geben.

9 Das Tuch darüber zusammenlegen und mit einem Gewicht beschweren. 15 Minuten stehen lassen.

10 Das Gewicht entfernen und die Schüssel zum Abkühlen vorsichtig in ein Becken mit kaltem Wasser stellen. Danach das Tuch auseinanderfalten und den fertigen Tofu sachte herausnehmen.

11 Den Tofu sofort verwenden oder mit frischem kalten Wasser in einen verschließbaren Behälter geben und kalt stellen. Im Kühlschrank hält er sich 1 Woche.

MAIS-CHOWDER-RAMEN

Der süße Mais ist in dieser Ramen-Suppe der große Star. Das salzige, komplexe Aroma der Misopaste unterstützt ihn. Durch die Zugabe von Sahne bekommt diese Suppe eine liebliche, cremige Konsistenz.

Zubereitung 20 Min. **Garzeit** 15 Min. **Menge** 4 Schalen

1 EL Pflanzenöl
1 kleine Zwiebel, gewürfelt
1 Knoblauchzehe, fein gehackt
1 l **Gemüsebrühe**
500 g gegarter Mais
500 g Sahne
2 ½ EL vegetarische weiße Misopaste
2 TL Mirin
1 TL Meersalz
680 g frische **Ramen-Nudeln**
2 EL Butter
50 g Schnittlauchröllchen

Besondere Ausstattung:
Stabmixer

1 Das Öl in einem Topf erhitzen und die Zwiebel bei mittlerer Hitze darin anbraten. Knoblauch zugeben und 1 Minute mitbraten, bis er zu duften beginnt.

2 Gemüsebrühe, 350 g Mais, Sahne, Misopaste, Mirin und Salz zugeben und 10 Minuten köcheln lassen.

3 Mit einem Stabmixer die Brühe cremig pürieren, einige Maiskerne dabei ganz lassen. Restlichen Mais zugeben und 5 Minuten weiterköcheln.

4 In der Zwischenzeit die Ramen-Nudeln in einem großen Topf mit kochendem Wasser 50 Sekunden garen. Ab und zu umrühren. Abgießen, abspülen und auf vier Servierschalen verteilen.

5 Heiße Brühe hinzugießen, bis die Nudeln knapp bedeckt sind. Jeweils 1 Stückchen Butter in die Mitte setzen und die Suppe mit Schnittlauchröllchen bestreuen.

BEILAGEN ZU RAMEN-SUPPEN

Auch wenn Ramen-Suppen eine volle Mahlzeit sind, gibt es Beilagen, die gut dazu gereicht werden können, etwa leichte Salate, Edamame und Gyoza – die japanischen Teigtaschen.

GYOZA

Gyoza ist die japanische Version von Teigtaschen – unten knusprig und oben gedämpft. Sie sind so lecker, dass Sie sicher mehr davon haben möchten.

Zubereitung 20 Min. **Garzeit** 20 Min.
Menge 20 Gyoza

4 EL + 2 TL Sojasauce
4 EL Reisweinessig
1 Knoblauchzehe, fein gehackt
1 TL geriebener Ingwer
3 Frühlingszwiebeln (nur das Grün), fein gehackt
¼ TL zerdrückte Chiliflocken
350 g Weißkohl, fein gehackt
½ TL Meersalz
140 g Schweinehack
1 TL fein gehackter Ingwer
2 TL fein gehackter Knoblauch
1 ½ TL rote Misopaste
1 TL Sesamöl
1 TL Mirin
30 g Speisestärke
20 Gyoza-Teigblätter
120 ml warmes Wasser
2 EL Pflanzenöl

Besondere Ausstattung:
Seih- oder Küchenhandtuch
Bambusdämpfer oder Wasserbad
Kochspray (Internethandel)

1 Für den Dip 4 EL Sojasauce, Essig, Knoblauch, Ingwer, 1 Frühlingszwiebel und Chiliflocken in einer Schale verrühren und beiseitestellen.

2 In einer großen Schüssel Weißkohl und Salz mischen. 15 Minuten Saft ziehen lassen. Den Kohl in ein Seihtuch oder dünnes, sauberes Küchenhandtuch wickeln und kräftig auswringen.

3 Den Kohl zurück in die abgetrocknete Schüssel geben und Schweinehack, Ingwer, Knoblauch, restliche Frühlingszwiebeln, Misopaste, restliche Sojasauce, Sesamöl und Mirin hinzufügen. Die Zutaten mit den Händen gut vermengen.

4 Ein Backblech mit etwas Speisestärke bestäuben. Warmes Wasser in eine kleine Schüssel geben. Ein Teigblatt mit der Mehlseite nach unten in die Handfläche legen und 1 EL von der Füllung in die Mitte setzen. Einen Finger in warmes Wasser tauchen und damit am Rand des Teigblatts entlangstreichen.

5 Das Teigblatt überklappen und mit kleinen Falten zusammendrücken. Darauf achten, dass die Füllung fest verschlossen ist. Die fertigen Teigtaschen mit etwas Abstand auf das Backblech legen.

6 Bambusdämpfer oder Wasserbad mit Kochspray besprühen, dann die Gyoza darauflegen. Bei hoher Hitze dämpfen, bis die Teigtaschen durchsichtig sind, das dauert etwa 10–12 Minuten.

7 Pflanzenöl in einem großen Topf bei erhitzen. Die gedämpften Gyoza hineinlegen und 2–3 Minuten bei mittlerer Hitze von jeder Seite bräunen. Mit dem Dip servieren.

EDAMAME

Edamame, auch als Sojabohnen bekannt, sind als Tiefkühlprodukt mittlerweile in vielen Supermärkten erhältlich. Leicht gekocht und gesalzen sind sie ein perfekter Snack oder eine gute Beilage zu einer Ramen-Suppe.

Zubereitung 5 Min. **Garzeit** 5 Min. **Menge** 450 g

450 g TK-Edamame
½ TL Meersalz

1. In einem großen Topf 1,4 l Wasser zum Kochen bringen.
2. Edamame hinzufügen und 5 Minuten kochen. Abgießen.
3. Edamame mit Salz bestreuen und gut miteinander vermengen. Heiß, kalt oder zimmerwarm servieren.

Serviertipps: in japanischen Restaurants werden Edamame als Vorspeise serviert. Die Bohnen sind nicht nur eine gute Ramen-Beilage, sondern können in geschälter Form auch in die Suppe oder in andere japanische Gerichte gegeben werden.

GURKEN-AVOCADO-SALAT MIT MÖHREN-INGWER-DRESSING

Ein frischer Sommersalat mit einem gesunden, köstlichen Dressing. Möhren steuern Süße bei, Ingwer liefert etwas Schärfe im Dressing. Die cremige Avocado bildet einen schönen Kontrast zur knackigen Salatgurke.

Zubereitung 5 Min. **Menge** 4 mittlere Salate

2 kleine Möhren, grob gehackt
1 EL fein gehackte Schalotten
2 TL geriebener Ingwer
2 ½ EL Reisweinessig
2 EL Pflanzenöl
1 TL weiße Misopaste (nach Belieben)
2 EL Honig
1 Kopfsalat, gewaschen
2 reife Avocados, geschält, entsteint, in Scheiben geschnitten
1 große Salatgurke, geschält, längs halbiert, entkernt, in Scheiben geschnitten
¼ TL Meersalz

Besondere Ausstattung:
Küchenmaschine

1 Das Dressing in der Küchenmaschine zubereiten: Möhren, Schalotten, Ingwer, Essig, Öl, Misopaste (nach Belieben), Honig und 1 EL Wasser gut mixen.

2 Salat auf vier Tellern anrichten, Avocado und Gurke darauflegen.

3 Jeden Salat mit Salz bestreuen. Das Dressing über den Salat geben.

SHiSHiTO-PAPRiKA

Eine von zehn Shishito-Paprikaschoten ist scharf – die restlichen sind süß und wohlschmeckend. Das macht das Essen zu einer Art kulinarischem Roulette. Die Schoten können unterschiedlich zubereitet werden: gekocht, gebraten oder gegrillt.

Zubereitung 5 Min. **Garzeit** 15 Min. **Menge** 225 g

1 EL extra natives Olivenöl
225 g Shishito-Paprikaschoten
2 TL Meersalz
1 TL Shichimi-Togarashi-Pulver
1 EL frisch gepresster Zitronensaft

1 Das Öl bei starker Hitze in einem großen Topf erwärmen.

2 Sobald das Öl heiß ist, aber noch nicht raucht, Temperatur auf mittlere Hitze reduzieren und die Paprikaschoten hinzugeben.

3 Paprika 10–12 Minuten braten, bis die Haut Blasen wirft, hin und wieder wenden.

4 Die fertigen Paprikaschoten mit Salz und Shichimi-Togarashi-Pulver bestreuen, mit Zitronensaft beträufeln.

Glasierte Shishito-Paprika: 2 EL Sojasauce, 2 TL Honig, 1 EL Zitronensaft, 1 TL fein gehackten Ingwer und 1 TL fein gehackten Knoblauch verrühren. Nach 5 Minuten Bratzeit zu den Paprikaschoten geben.

AVOCADOSALAT

Der leichte, frische und köstliche Salat ist der ideale Begleiter zu einer heißen Schale Ramen. Das scharfe Ingwer-Essig-Dressing liefert einen lieblichen Kontrast zur milden Avocado.

Zubereitung 4 Min. **Menge** 4 mittlere Salate

1 EL Pflanzenöl
1 TL Sesamöl
2 EL Reisweinessig
2 EL Mirin
1 TL geriebener Ingwer
1 TL Zucker
250–500 g Salatblätter
2 reife Avocados, geschält, entsteint und in Scheiben geschnitten
2 EL geröstete Sesamsamen

1. In einer kleinen Schüssel Pflanzen- und Sesamöl, Essig, Mirin, Ingwer und Zucker verrühren.
2. Salatblätter in eine große Schale geben und mit dem Dressing mischen. Auf vier Tellern verteilen.
3. Die Avocadoscheiben dekorativ auf den Salatblättern anrichten.
4. Die Salate mit den gerösteten Sesamsamen bestreuen.

SCHARFER BOHNEN-SPROSSEN-SALAT

Einfach, knackig und scharf: Dieser Bohnensalat bekommt durch die japanische 7-Gewürz-Mischung Shichimi-Togarashi einen Extrakick.

Zubereitung 5 Min. **Garzeit** 2 Min.
Menge 4 kleine Salate

250 g Bohnensprossen
1 EL Sesamöl
1 EL Pflanzenöl
2 TL Sojasauce
1 TL Shichimi-Togarashi-Pulver
¼ TL Meersalz
45 g Frühlingszwiebelgrün, fein gehackt
2 EL geröstete Sesamsamen

Über Bohnensprossen: Aus der asiatischen Küche sind sie nicht wegzudenken. Sie werden oft für Wokgerichte und Suppen oder auch als Garnitur verwendet. Die Sprossen müssen nur kurz gegart werden.

1 In einem großen Topf bei starker Hitze 1,4 l Wasser zum Kochen bringen.

2 Bohnensprossen zugeben und 1–2 Minuten kochen. In ein Sieb abseihen, mit kaltem Wasser abspülen. Beiseitestellen.

3 In einer Schüssel beide Ölsorten, Sojasauce, Shichimi-Togarashi-Pulver und Salz verrühren.

4 Mit den Bohnensprossen vermengen. Die Bohnensprossen auf vier kleinen Tellern anrichten.

5 Mit Frühlingszwiebeln und geröstetem Sesam garnieren.

MAHLZEITEN AUS INSTANT-RAMEN-NUDELN

Bei Instant-Ramen-Nudeln handelt es sich um getrocknete oder vorgegarte Nudeln, die gegessen werden, nachdem sie einige Minuten in Wasser gekocht wurden. Diese Nudeln werden meist mit einer Würze, z. B. Rind oder Huhn, verkauft. Während Instant-Ramen einen schlechten Ruf haben, sind diese Nudeln eine gute Möglichkeit, um innerhalb kurzer Zeit eine Mahlzeit zuzubereiten.

FERTIGNUDELN ANREICHERN

Gibt man einige Gewürze und Toppings dazu, kann man aus Instant-Nudeln etwas Wohlschmeckendes und Exotisches zubereiten.

Misopaste, Chili-Knoblauch-Sauce (z. B. Sriracha), Currypulver, Essig, weißer Pfeffer, zerdrückte Chiliflocken und Öle können Fertignudeln einen einzigartigen Geschmack verleihen. Ramen können mit Gemüse, Eiern oder geräuchertem Fleisch (Bacon oder Kochschinken) belegt werden. Und schon entsteht daraus eine vollwertige Mahlzeit.

NUDELN UND WÜRZE NEU VERWENDEN

Die abgepackten Nudeln mit Gewürzen müssen nicht unbedingt als Grundlage für Ramen-Suppen verwendet werden. Sie lassen sich auch für ganz andere Gerichte nutzen.

Ungekochte Ramen-Nudeln beispielsweise können als knuspriges Topping für Salate genommen werden. Und kühne Köche haben auch schon die Nudeln weggeworfen und nur die Gewürze zum Würzen ihrer Speisen verwendet.

Instant-Ramen-Nudeln sind vielseitig, und man kann mit ihnen experimentieren. So lassen sich daraus Burger, kalte Salate und feinere Eigerichte zubereiten.

HINWEISE ZU DEN REZEPTEN

Bei diesen Rezepten wurden Instant-Nudeln verwendet, bei denen die Gewürze eingepackt sind, nicht die Fertignudeln aus den Styroporbechern. Wenn Sie sich Gedanken über den hohen Salzgehalt in Fertigprodukten machen, werfen Sie einfach die beigelegten Gewürze weg.

ASiA-NUDEL-KOHL-SALAT

Instant-Ramen-Nudeln sind eine herrliche Ergänzung in einem kalten Salat. Honig und Mango verleihen dem Salat eine leichte Süße, das Gleichgewicht stellt die Säure von Reisweinessig und Limettensaft her.

Zubereitung 20 Min. **Menge** 350–450 g

160 ml Pflanzenöl
1 TL Sesamöl
90 ml Honig
80 ml Reisweinessig
3 EL Sojasauce
1 TL Chili-Knoblauch-Sauce (z. B. Sriracha)
1 EL Limettensaft
¾ TL Meersalz
¼ TL frisch gemahlener schwarzer Pfeffer
2 Pck. Instant-Nudeln (je 85 g), ohne beiliegende Gewürzmischungen
125 g geraspelte Möhren
125 g geraspelter Weiß- oder Rotkohl
1 reife Avocado, geschält, entkernt, gewürfelt
1 Mango, geschält, entkernt, gewürfelt
75 g geröstete Cashewkerne
5 Frühlingszwiebeln, fein gehackt

1 In einer kleinen Schüssel beide Ölsorten, Honig, Essig, Sojasauce, Chili-Knoblauch-Sauce, Limettensaft, Salz und Pfeffer verrühren. Beiseitestellen.

2 Die ungekochten Instant-Ramen-Nudeln in eine große Schüssel zerkrümeln. Möhren, Kohl, Avocado, Mango, Cashewkerne und Frühlingszwiebeln hinzufügen.

3 Das Dressing hinzugeben und gut mit den Zutaten vermengen.

RAMEN-BURGER

Die Nudelbrötchen von Ramen-Burgern sind außen knusprig und innen weich. Und es gibt einen Grund, warum sie mittlerweile Kult sind. Sie sind leicht zuzubereiten und mit einem würzigen Ketchup, das Chili-Knoblauch-Sauce enthält, absolut köstlich!

Zubereitung 30 Min. **Garzeit** 15 Min. **Menge** 4 Burger

3 Pck. Instant-Ramen-Nudeln (je 85 g), ohne beiliegende Gewürzmischungen
2 Eier
1 TL Meersalz
½ TL frisch gemahlener schwarzer Pfeffer
450 g Rinderhack
1 EL Sojasauce
1 TL Sesamöl
1 EL + 90 ml Ketchup
4 Scheiben Cheddar-Käse
2 EL Pflanzenöl
1 EL Chili-Knoblauch-Sauce (z. B. Sriracha)
4 Salatblätter (nach Belieben)

Besondere Ausstattung:
8 Auflaufförmchen in Burgergröße

1 Wasser in einen großen Topf füllen und bei hoher Hitze aufkochen. Instant-Ramen-Nudeln darin in etwa 3 Minuten gar kochen.

2 Nudeln abgießen, mit kaltem Wasser abspülen, gut abtropfen lassen und beiseitestellen. Die Eier in einer Schüssel verschlagen. Mit Salz und schwarzem Pfeffer würzen. Nudeln zugeben und gut mit der Eiermasse vermengen.

3 Eier-Nudel-Mischung auf acht Auflaufförmchen verteilen, überschüssiges Ei ausdrücken. Formen mit Frischhaltefolie fest abdecken, sodass die Folie direkt auf den Nudeln liegt. Mindestens 20 Minuten kalt stellen.

4 In einer Schüssel Rinderhack, Sojasauce, Sesamöl und 1 EL Ketchup vermengen. Aus der Masse 4 Burger formen. Burger bei mittlerer Hitze in einer großen Pfanne von beiden Seiten 2–3 Minuten braten. Nach dem ersten Wenden die fertig gebratene Seite mit je 1 Scheibe Cheddar belegen. Die fertigen Burger beiseitestellen.

5 In derselben Pfanne das Pflanzenöl erhitzen. Die Nudeln vorsichtig aus den Formen nehmen und die Nudelbrötchen bei mittlerer Hitze von jeder Seite 3 Minuten bräunen.

6 Restliches Ketchup mit Chili-Knoblauch-Sauce gut miteinander verrühren.

7 Nun den Burger zusammenstellen. Jeweils 1 Nudelbrötchen auf einen Servierteller legen. Darauf einen Burger, scharfes Ketchup und 1 Salatblatt geben. Mit dem zweiten Brötchen bedecken.

RAMEN-FRITTATA

Eine Frittata lässt sich mit vielen Zutaten zubereiten und schmeckt gut zum Frühstück. Die Nudeln geben ihr zusätzliche Struktur und eine elastische Konsistenz. Mit der beigelegten Gewürzmischung wird die Eier-Nudel-Mischung gewürzt.

Zubereitung 10 Min. **Garzeit** 20 Min. **Menge** 1 große Frittata

3 Pck. Instant-Ramen-Nudeln (je 85 g) mit Huhn-Gewürzmischung

8 Eier

1 EL Butter

85 g Champignons, in Scheiben geschnitten

85 g Kochschinken, fein gewürfelt

45 g geriebener Cheddar-Käse

Besondere Ausstattung:

1 große ofenfeste Pfanne

1. Den Backofen auf 175 °C Ober-/Unterhitze vorheizen. Wasser in einen großen Topf geben und zum Kochen bringen. Die Instant-Nudeln 3 Minuten darin garen bzw. bis sie weich sind. Abgießen, mit kaltem Wasser abspülen und gut abtropfen lassen.

2. Eier mit dem Gewürz aus der Packung in einer Schüssel verrühren. Nudeln untermengen.

3. In einer großen ofenfesten Pfanne bei mittlerer Hitze die Butter zerlassen. Champignons darin 3–4 Minuten braten, Kochschinken zugeben und 1–2 Minuten unterrühren und erhitzen.

4. Die Eier-Nudel-Mischung in die Pfanne geben und mit einem Gummispatel gut umrühren.

5. Sobald das Ganze fest wird, den Käse daraufstreuen und die Pfanne 6–8 Minuten in den Backofen stellen. Die goldgelbe Frittata herausnehmen und vierteln. Sofort servieren.

GLOSSAR

Assari Eine leichte Ramen-Brühe, z. B. Kombu-Dashi.

Austernpilze Wachsen in Pilztrauben, Geschmack und Konsistenz erinnern ein wenig an Kalbfleisch. Sie sind saftig und zart und nehmen den Geschmack des Lebensmittels an, in dem sie gekocht werden. Sie sollten auf keinen Fall roh verzehrt werden.

Bonitoflocken Fischflocken, die für Dashi-Brühe verwendet werden. Werden aus dem Echten Bonito gewonnen.

Bouillon Getrocknete Essenz einer Brühe aus Huhn, Rind oder Gemüse. Ist beliebt als Anfangszutat für Suppen.

Chashu Geschmorter Schweinerücken oder -bauch, der als Topping für Ramen verwendet wird.

Chili-Knoblauch-Sauce Auch als Sriracha oder Sambal bekannt. Eine scharfe Würze, die in Asien weitverbreitet ist.

Chilipulver Eine warme Gewürzmischung, die Chilischote, Cumin, Knoblauch und Oregano enthält.

Chilischoten Eine Bezeichnung für scharfe Paprikaschoten, die relativ mild sein können wie Ancho oder sehr scharf wie Habanero.

Chinesischer schwarzer Essig Ein reifer Essig mit einem holzigen, fruchtigen Aroma. Alternativ kann Balsamico-Essig verwendet werden.

Chinesische Wurst Ein weiter Begriff für Wurst aus China. Am beliebtesten ist eine dünne, süße, getrocknete Wurst.

Curry Würzige Saucen auf indische Art, Currypulver bildet die Basis.

Currypulver Wohlschmeckende, kräftige Gewürzmischung, die scharfes Paprikapulver, Muskat, Cumin, Zimt, Cayennepfeffer und Kurkuma enthält.

Dashi Eine japanische Brühe, die aus Meeresalgen und Bonitoflocken zubereitet wird und die Basis vieler Gerichte bildet.

Edamame Rundliche, grüne Sojabohnen, die meist gedämpft serviert werden.

Enokipilze Kleine, dünne Pilzsorte, die leicht süßlich schmeckt und reich an Antioxidanzien ist.

Galgant Gehört zur Familie der Ingwergewächse, schmeckt etwas schärfer als Ingwer.

Gyoza Japanische Teigtaschen, meist mit Schweinefleisch und Weißkohl gefüllt.

Helle Sojasauce Ist weniger salzig als die dunkle Variante und schmeckt feiner.

Ingwer Eine schmackhafte Wurzel – leicht scharf, süßlich und würzig.

Kansui-Wasser Wird zur Herstellung von Ramen-Nudeln verwendet und enthält Natrium, Kaliumkarbonat und Phosphate.

Koriander Ein Mitglied der Petersilienfamilie, wird in asiatischen und mexikanischen Gerichten (insbesondere Salsa) verwendet.

Kotteri Eine schwere, dicke Brühe, z. B. Tonkotsu.

Maitakepilze Sehen aus wie das Federkleid einer Henne, sind kräftig im Geschmack.

Menma Würze aus Bambussprossen, die als Topping in Ramen-Suppen gegessen wird.

Mirin Süßer japanischer Reiswein.

Miso Schmackhafte Würzpaste aus fermentierten Sojabohnen. Wird zum Würzen von Miso-Ramen verwendet.

Mu-Err-Pilze Werden eher wegen ihrer knusprigen Textur als wegen ihres Geschmacks verwendet.

Narutomaki Ein weißer Fischkuchen mit Spiralmuster.

Nigari Gerinnungsmittel, das zur Tofu-Herstellung verwendet wird. Es besteht hauptsächlich aus Magnesiumchlorid und wird traditionell aus Meerwasser gewonnen.

Noriblätter Getrockneter Seetang; schmeckt fischig-süßlich, wird als Hülle für Sushi und als Würzmittel für Suppen und Nudeln verwendet.

Pak Choi Gehört zu den Kohlsorten, schmeckt knusprig und frisch.

Reisweinessig Milder, süßlicher Essig aus Reiswein.

Sesamöl Wird aus gepressten Sesamsamen hergestellt, sehr aromatisch.

Shichimi-Togarashi-Pulver Japanische 7-Gewürz-Mischung aus grob gemahlenen Chilischoten, Orangenschale, Sesamsamen, Mohnsamen, Ingwer, Noriblättern und Pfeffer.

Shiitakepilze Großer, brauner Pilz mit herzhaft-fleischigem Geschmack.

Shimejipilze Haben einen leicht bitteren Geschmack, der durch Kochen aufgehoben wird. Dann schmecken sie leicht nussig.

Shio-Ramen Ramen-Würze auf Salzbasis.

Shoyu-Ramen Ramen-Würze auf Sojasaucenbasis.

Tahin Sesampaste – wird viel in der arabischen Küche verwendet.

Tamarinde Es gibt süße und säuerliche Sorten der Frucht. Wird frisch oder getrocknet gerne in der indischen, mexikanischen und der thailändischen Küche verwendet.

Tofu Hat eine käseähnliche Konsistenz, wird aus Sojabohnen und Sojamilch hergestellt.

Tonkotsu Eine dickliche Brühe aus Schweineknochen.

Tsukemen Eine Ramen-Variante, bei der Suppe und Nudeln (meist mit Zimmertemperatur oder kalt) separat gereicht werden.

Umami Der »fünfte Geschmack« neben süß, sauer, salzig und bitter. Wird als vollmundig und fleischig beschrieben und vermittelt das Gefühl, als sei die Zunge überzogen.

REGISTER

A

B

C

D

E

F

G

H

I

K

L

M

N

O

P

R

S

T

U

V

W

ÜBER DIE AUTORIN

NELL BENTON ist seit 2010 Inhaberin des »The National Café« in unmittelbarer Nähe von Walker's Point in Milwaukee, Wisconsin, USA. Das Café ist spezialisiert auf frische Gerichte mit internationalem Flair. Die Tochter einer britischen Mutter und eines amerikanischen Vaters wuchs in Los Angeles, Kalifornien, und in Green Bay, Wisconsin, auf. Zudem hielt sie sich häufig in Devon, England, auf, wo sie Verwandte besuchte. Besonders geprägt hat sie die viele Zeit, die sie mit ihrer Mutter und ihrer Großmutter im Garten und in der Küche verbrachte. Nach ihrem Abschluss in Anthropologie und Soziologie am St. Norbert College in De Pere, Wisconsin, arbeitete sie zehn Jahre in aller Welt. In dieser Zeit entstand auch ihre Leidenschaft für die internationale Küche.
Nach Jobs in Indonesien, Ägypten und England erwarb Nell ihren Abschluss als Köchin am »The Art Institute of Fort Lauderale«, Florida. Es folgten Reisen nach Asien, um ihre Kenntnisse der asiatischen Küche zu erweitern.

DANK

Ich kann meine Dankbarkeit meinem hart arbeitenden, gut ausgebildeten und herzlichen Café-Team gegenüber nicht oft genug zum Ausdruck bringen. Danke für die uneingeschränkte Unterstützung und Bereitschaft, so viele meiner Aufgaben mit zu übernehmen, damit ich mich ganz auf das Buch konzentrieren konnte. Mein Dank geht an: Angela Wierzbinski, meine Managerin; Meg Shecterle, meine Assistentin; Arielle Yanasak, meine Catering-Managerin; Julia Borden, die sich um die Getränke kümmert; Victor Hernandez, Mandi Hollis, Dan Bernath und Ashley Parrill. Danke, dass ihr mir helft, das zu lieben, was ich mache!

Mein Dank geht an meinen Freund und Rezeptetester, den Koch Thi Cao: Danke für die endlosen Stunden, die du mir in der Küche geholfen hast, die Rezepte auszuprobieren, mit Gewürzen zu spielen und Nudeln auszurollen. Es gibt niemanden, mit dem ich lieber kochen würde.

Ein riesiges Dankeschön an Michael und Shelly Diedrick. Ohne eure Großzügigkeit hätte ich mein Café nicht.

Ein herzlicher Dank geht an meine Lektorin Nathalie Mornu. Danke für die Zeit und die Geduld, mit mir Seite für Seite des Buches durchzugehen.

Viele Menschen haben mir auf meiner kulinarischen Reise geholfen und mich beim Aufbau des Geschäfts unterstützt: Scott und Marjorie Moon, Clare Norton, Tom Crofts, Nigel LeQuesne, Chef Kevin Guay, Barbara Benton, David Turnpaugh, Andrew Bruce, Sean Henninger, Gary und Denise Wierzbinski, Joe Sutter, Amanda Joy und Jax: Ohne eure Unterstützung wäre ich nicht da, wo ich heute bin. An euch alle ein herzliches Dankeschön.

Zum Schluss möchte ich mich bei meiner großartigen Familie bedanken – danke für alles.

Mein Dank geht an Mary Maloney, meine Zwillingsschwester und andere Hälfte, für ihre standfeste Unterstützung und Ermutigung; Robert Maloney, meinen tollen und inspirierenden Bruder; Anna Benton, meine ältere und weisere Schwester; meine Nichten Violet und Helena, weil sie mich zum Lachen bringen, und an meine Eltern Jim und Helen Benton. Sie haben mein Leben mit ihrer Gunst, Liebe, Ermutigung und Unterstützung gefüllt. Danke!

Bei Alpha Books und DK möchte ich den folgenden Menschen für ihre harte Arbeit an diesem Buch danken: Ronnie Andren, der Fotoassistentin; den Foodstylisten Kanisorn Sinprasert und Carolyne Hilario; Ruthy Kirwan, die die Rezepte ausprobiert hat; dem Fotoassistenten Dave King, und Lucy-Ruth Hathaway, der Assistentin der Foodstylisten.

Der Verlag bedankt sich dafür, folgende Fotos verwenden zu dürfen: 14–15 iStockphoto.com